户外运动技巧
——攀登篇

李纲 张斌彬 王晶 编著

中国海洋大学出版社

·青岛·

图书在版编目（CIP）数据

户外运动技巧.攀登篇/李纲,张斌彬,王晶编著.——
青岛:中国海洋大学出版社,2019.6
ISBN 978-7-5670-2190-7

Ⅰ.①户… Ⅱ.①李… ②张… ③王… Ⅲ.①体育锻
炼—教材②攀登(登山运动)—教材 Ⅳ.① G806 ② G881

中国版本图书馆 CIP 数据核字 (2019) 第 080801 号

户外运动技巧——攀登篇

出 版 人	杨立敏
出版发行	中国海洋大学出版社有限公司
社　　址	青岛市香港东路 23 号　　　邮政编码　266071
网　　址	http://pub.ouc.edu.cn
责任编辑	郑雪姣　　　　　　　电　　话　0532-85901092
电子邮箱	zhengxuejiao@ouc-press.com
图片统筹	河北优盛文化传播有限公司
装帧设计	河北优盛文化传播有限公司
印　　制	定州启航印刷有限公司
版　　次	2019 年 6 月第 1 版
印　　次	2019 年 6 月第 1 次印刷
成品尺寸	170 mm×240 mm　　　　印　张　12.5
字　　数	228 千　　　　　　　　　印　数　1~1000
书　　号	ISBN 978-7-5670-2190-7　定　价　59.00 元
订购电话	0532-82032573（传真）　18133833353

发现印刷质量问题，请致电 18133833353 进行调换。

前　言

　　登山运动一般是指人们在一定器械和装备的辅助下，以克服各种恶劣自然条件，登上高峰绝顶为目标而进行的运动。登山运动所面对的山峰往往为海拔三四千米以上并覆有终年积雪的山峰，它的竞技性不是表现为运动员（或运动队）之间在同一时空、同一条件下的比赛和对抗，而是表现为运动员（或运动队）与恶劣的大自然环境的抗争，是人的生命力与严酷的生存条件之间的较量。在登山探险活动中，运动员面对的是高山缺氧、强风低温、陡峭地形以及随之而来的各种困难和危险。对一次成功的登山探险活动的评价，不是从一般意义上的时间、速度、力量和技巧等方面去判定，而是强调所选对象山峰的高度、难度和组织运用战术的独特性及其科学程度。登山探险活动，特别是组织较大型的活动，是一项庞杂的系统工程，需要强有力的组织工作保证。对运动员不仅要求他们具有良好的身体素质和思想品质，还要求他们熟练掌握各项登山技术，同时还要尽可能具备识别高山环境中的各种危险因素及遭遇危险时的清醒应变能力。

　　攀岩是从登山运动中衍生出来的竞技运动项目，20世纪50年代起源于苏联，是军队中作为一项军事训练项目而存在的，1974年列入世界比赛项目。进入80年代，以难度攀登为主题的现代竞技攀登比赛开始兴起并引起人们广泛的兴趣，1985年在意大利举行了第一次难度攀登比赛。

　　随着人们对户外运动的认识越来越科学、参与度越来越高，我国的户外攀登运动蓬勃发展，呈现出户外运动项目多样化、个性化，参与人员全民化，运动装备细分化，以及协会、俱乐部、网络平台不断涌现等特点。同时攀登运动在发展中也存在运动者对攀登过程中的危险认识不够、技巧掌握不熟练等问题，需要在未来的发展中进一步优化。河北省高校户外拓展训练课程是近几年在高校兴起的一门新的课程，其中是以户外运动作为其载体进行的延伸教育。所以户外技能的掌握是此类课程的基础，本教材就是在此课程的目的上编写而成。以便可以方便学生和相关从业老师进行学习和参考，以此提高自己的户外专业技能，使其更好地进行教学。

　　全书共十章。第一章介绍了登山运动的发展历史，包括世界登山运动的历史和中国登山运动的历史。第二章对登山运动的分类进行了介绍，即高山探险、竞技登山、攀岩、普通登山活动。第三章介绍了登山的运动器材装备，包括衣物装备、宿营装备、技术装备等。第四章对登山前的身体训练进行了简要阐述。第五章则较为详细地介绍了登山运动中基本的技术要求，包括结绳技术、保护技术、上升技术以及下降技术。第六章则对攀岩运动中的技术要求进行了阐述，包括攀岩动作、裂缝攀登、平衡攀登、器械攀登等技术。第七章则介绍了大岩壁攀登运动的技巧，包括拖拽技巧、器械攀登技巧、安装挂片技巧、沿绳跟攀技巧等。第八章则阐述了雪地攀登过程中的技巧，即自我确保动作、滑坠制动技巧、沟槽攀登技巧、雪坡技巧及绳攀技巧。第九章介绍了高山冰攀的技巧，包括冰上保护和具体的冰攀过程中的技巧。第十章对登山过程中出现的危险和身体状况问题进行了简要阐述，并给出了相应的解决方法。

本书由李纲（河北大学体验式教育发展研究中心）、张斌彬（河北大学）、王晶（河北大学）三位老师共同主编，参加编写的人员有齐宁（河北大学）、吴凤伟（天津大学）、王伟（中国海洋大学）、李晓雷（河北金融学院）、王芳（河北大学）、孙克宝（河北大学）、张少朋（河北大学）、张国锋（河北大学）、胡浩（石家庄工程职业学院）、李卫国（河北女子职业技术学院）。

本书在撰写过程中参考和借鉴了部分专家、学者的研究成果和观点，在此表示最诚挚的感谢。另外，由于时间和精力有限，书中存在的不足之处，敬请读者指正。

目 录

第一章　登山运动发展史

第一节　世界登山运动发展史

人类的生活、生产劳动实践是体育运动产生的基础与渊源，登山运动也是如此。世界上许多地方都有山，有高入云霄的喜马拉雅山，也有海拔只有几百米的小山，如北京的香山、济南的千佛山等。俗话说，"靠山吃山，靠水吃水"，长期生活在山上或山区的人通过上山砍柴、打猎、伐木及采掘野果、野菜、药材和矿藏等手段，取得各种生活和生产资料。在远古时期，洪水泛滥时，人们上山去躲避洪水。人类社会出现部落、民族和国家后，人们又常常上山去躲避入侵的敌人或依山打击敌人。在商品交换形成后，人们又赶着马匹，翻山越岭与外族进行商业和文化的交流。人类的生活与山有着密切的关系，登山也就由此得到了不断的发展。在我国，民间还流传着许多登山的传统习俗，如人们在重阳节登高进行健身和旅游，许多文人墨客也非常热爱游览登山以尽情享受"会当凌绝顶，一览众山小"的快乐。为了登上峰顶，人们充分发挥着自己的聪明才智。1786年之前就曾有人使用登山镐、绳索等专门器械，并掌握了雪崩、滚石、冰崩、高山缺氧等有关知识。随着登山专门技术的逐步发展，登山逐渐从旅行活动中分离出来，于18世纪末成为一项专门的体育运动。

一、现代登山运动的诞生（1786年）

现代登山运动诞生于18世纪欧洲西部的阿尔卑斯山区。阿尔卑斯山横贯法国、意大利、瑞士和奥地利等国家，此山的主峰是在法国境内的勃朗峰，海拔4810米，是西欧的第一高峰。阿尔卑斯山以其复杂的山体结构、气象特点及丰富的动植物资源，吸引了越来越多的科学家的注意。1760 年，法国的年轻科学家德·索修尔（生于日内瓦），在考察阿尔卑斯山区（图 1-1）时，对勃朗峰的巨大冰川及高山植物产生了浓厚的兴趣，然而他自己的攀登未能成功。于是，索修尔在山脚下的沙莫尼村口贴了这样一张告示：为了探明勃朗峰山顶的情况，谁能够登上它的顶峰或找到登上顶峰的道路，将以重金奖赏。布告贴出后，一直没人响应，直到 1786 年 6 月，才由沙莫尼村的医生巴卡罗揭下了告示，并经过两个月的准备，与当地的石匠巴尔玛，结伴于当年 8 月 8 日登上勃朗峰顶峰。因此，1786 年被定为现代登山运动的诞生年。一年后，德·索修尔带上所需的仪器，以巴尔玛为向导，率领一支 20 多人的队伍再次登上了勃朗峰，巴尔玛、德·索修尔等人成为世界登山运动的创始人，从此揭开了现代登山运动的序幕。由于现代登山运动兴起于阿尔卑斯山区，因此登山运动又被称为"阿尔卑斯运动"。

图 1-1　阿尔卑斯山

二、阿尔卑斯黄金时代（1786—1865 年）

1786 年现代登山运动诞生后，阿尔卑斯山区的登山运动发展极为迅速，尤其在 1850—1865 年。这一时期，阿尔卑斯山的杜富尔峰（4638 米）、埃克兰风峰（4103 米）、芬斯特拉尔霍恩峰（4275 米）等 20 多座海拔 4000 米以上的山峰先后被征服。1857 年，世界上第一个国家性质的登山组织——英国登山俱乐部成立。1865 年，英国登山运动员文培尔等人，登上了当时被人们认为无法登顶的玛达布隆峰（4505 米）。至此，以阿尔卑斯山为中心的登山运动达到了它的高潮，这期间被称为"阿尔卑斯黄金时代"。

三、阿尔卑斯白银时代（1890—1917 年）

1865 年以后，阿尔卑斯山脉的 20 多座海拔 4000 米以上的山峰被登山者征服后，登山者又向从未有人攀登过的，更为难攀的和更为艰险的阿尔卑斯诸峰前进。这时的登山运动难度很大，主要是坡度大，路线上有冰雪地段，不但难以通过，而且还有很大的危险性。为了克服难度，避免滑坠、滚石或雪崩等危险，人们开始研究和使用一些辅助装备来进行攀登。1890 年 7 月，英国登山家马默里首创钢锥、铁锁、绳结等登山工具，用来制造人工支点（手可抓握，脚可蹬踏的支撑点），使人与保护工具灵活地连接在一起。由于创造了上述的工具和装备，使登山成为为技术性很强的登山活动。马默里用新的技术登上一些针状山峰，使登山运动在技术上有了重大突破，开创了"技术登山运动"的时代。马默里等人在技术登山上的重大成就，把登山运动提高到了一个新的水平，这是登山史上的一个重要的转折点，它标志着登山运动一个新时代的开始，并把登山运动从西欧阿尔卑斯低山区引向高山区。因此，人们又把"技术登山运动"叫作"马默里运动"或"马默里攀登法"。然而遗憾的是，马默里在 1895 年 8 月首次向 8000 米以上山峰冲击时不幸遇难。1890—1917 年这个时期，是世界登山技术取得不断发展和进步的新时代，在世界登山运动史上被称为"阿尔卑斯白银时代"。

四、阿尔卑斯铁器时代（1918—1938 年）

继马默里之后，各国运动员不断改进和研制新式的登山装备和工具。各种各样的钢锥、冰镐、冰锥、岩石铁锤、金属小挂梯、钉鞋、铁架背包等相继出现，这些装备和工具为登山运动增加了大量的钢铁制装备，这是马默里时代所无法比拟的。因此，人们把这一阶段称为"阿尔卑斯铁器时代"。在这个时期，登山技术比马默里时代又进步了许多，当时被马默里等人认为无法超越的"阿尔卑斯三大北壁"，即玛达霍隆峰的北壁、古兰特·焦拉斯峰的北壁和埃格尔峰的北壁，成为英、法、德、意等国运动员进攻的目标。到 1938 年夏，"阿尔卑斯三大北壁"被全部征服。在登山史上，"阿尔卑斯铁器时代"，也就是登山运动员向"阿尔卑斯三大北壁"挑战的时代。

五、喜马拉雅黄金时代（1950—1964 年）

1950—1964 年，登山运动又进入了一个重要的发展阶段。1950 年 6 月，法国运动员莫·埃尔佐和勒·拉施纳尔首次登上了海拔 8091 米的安纳普尔那峰，这次攀登他们两人付出了血的代价，一人冻掉了双脚，一人冻掉了一只手。1953 年

5月29日，英国登山队的依·希拉里和藤辛·诺尔盖从南坡登上了珠穆朗玛峰（图1-2），这是人类登山史上首次成功登上世界最高山峰。1964年5月，中国登山队许竞、王富洲等10名运动员首次成功地登上完全坐落于我国境内的唯一一座8000米以上的高峰——希夏邦马峰，创造了10名队员集体登上8000米以上高峰的世界纪录。至此，从1950年至1964年，为国际公认的地球上14座海拔在8000米以上的高峰已全部被人类征服。在世界登山史上，这段时间被称为"喜马拉雅"黄金时代。

图1-2　珠穆朗玛峰

六、喜马拉雅白银时代（1964—1979年）

1964年，中国登山队征服名列世界第14位高峰的希夏邦马峰，标志着世界登山史上人类"向海拔8000米以上高峰进军"的"喜马拉雅黄金时代"的结束。从而也迎来了又一个新的高山登山时代——"喜马拉雅白银时代"，即从1964年至1979年，各国登山运动员在过去攀登8000米和7000米以上高峰经验的基础上，从14座8000米以上山峰各个不同的角度和路线上，继续创造新的、难度更大的攀登路线和人数上的纪录（包括妇女登上了8000米以上的高峰，创造了珠穆朗玛峰女子登山的新纪录）。在这一时期，意大利登山家梅斯纳、奥地利登山家哈贝勒两人不使用氧气瓶从东南山脊登上了珠穆朗玛峰，打破了过去认为不使用氧气瓶不能攀登8000米以上高峰的记录，开创了人类攀登珠峰的新纪元。这一时期的登山活动为20世纪80年代世界登山新高潮起到多方面的准备作用，在世界登山史上称为"喜马拉雅白银时代"。

七、喜马拉雅铁器时代（20世纪80年代）

自"喜马拉雅白银时代"结束后，世界登山运动向新难度（新路线、不同季节、无氧攀登等）登山阶段迈进。尤其在20世纪80年代，各国登山队在攀登

8000 米以上高峰的活动中，连创奇迹。日本、意大利、美国的登山家先后突破了喜马拉雅山区的"严冬季节禁区""雨季季节禁区"和"路线禁区"。日本、波兰、意大利、南斯拉夫、苏联、美国等登山队又开辟了六条攀登珠峰的路线，还出现了高水平的"高山纵走"（沿着一条山脊上山，连续登上在同一条山脊上的两座或两座以上山峰的登山活动）的攀登方式。这些成就汇成了 20 世纪 80 年代的登山高潮，在世界登山史上将这段时间称为"喜马拉雅铁器时代"。

第二节　中国登山运动发展史

我国是一个多山的国家，登山历史悠久，早在汉朝就有了登山探险的记载。在司马迁所著的《史记》中曾详细记述了通过天山、昆仑山、雪山、葱岭山区"葱岭通道"的经过：汉武帝曾派遣出使西域的使者张骞打通了这条贯穿东西的山区要道，这是我国有文字记载的最早的登山探险活动。自西汉时期开始，我国就有了农历九月九日重阳节登高的习俗，这一习俗直到今天还广为流传；唐代高僧玄奘为深入研究佛学，解答佛经中的疑难问题，前往阿富汗、巴基斯坦和印度，途中经历的艰难险阻不计其数，还成功地登上了海拔 6000 多米的葱岭北隅陵山。17 年后，他带着 1300 多卷佛经又翻山越岭返回长安。玄奘在佛教、地理、历史、翻译和登山等学科方面的重大贡献和卓越成就，深受中国人民的崇敬。唐代是我国古代政治、经济、文化艺术各方面都十分繁荣的时代。这时的登山活动也较盛行。人们经常攀登"五岳"，即东岳泰山（山东）、南岳衡山（湖南）、西岳华山（陕西）、北岳恒山（山西）和中岳嵩山（河南）。此外，我国著名的四大佛教名山峨眉山（四川）、普陀山（浙江）、九华山（安徽）和五台山（山西）以及其他雄伟秀丽的山峰，也是人们攀登的目标。唐代著名诗人李白非常喜欢登山，在有关登山的诗篇中，他以雄奇奔放和极度夸张的笔调描写四川山区道路的艰难险峻。他在《蜀道难》中写道："……蜀道之难，难于上青天！……黄鹤之飞尚不得过，猿猱欲度愁攀援……"在《送友人入蜀》一诗中说："山从人面起，云傍马头生。"在《登太白峰》一诗中，李白更是抒发了他登上太白山顶峰后的那种灵隐飘逸和风流倜傥的心情。全诗如下：

西上太白峰，夕阳穷登攀。
太白与我语，为我开天关。
愿乘泠风去，直出浮云间。
举手可近月，前行若无山。

一别武功去，何时复更还？

到了明代，我国著名的旅行家、地理学家徐霞客，从 20 岁起就开始了长达 30 多年的登山旅行生涯，游历名山大川，写了详尽的名山游记《徐霞客游记》，为后人留下了宝贵的古代登山活动史料及高山科学考察的资料。徐霞客在登山考察中做出了很大的贡献，他对我国的岩溶地貌、山川源流、火山温泉及山川动植物生态都进行了深入的考察。

以上事实，生动地证实了我国登山活动的历史是相当悠久的。无论是以葱岭为中心的高山登山活动或以内地"五岳"等秀丽山峰为主的一般性登山活动，都曾经是十分活跃的。从历史文献上看，我国早在公元前 100 年左右就有文字记载的登山活动，到公元 5 世纪，玄奘等人已到达过海拔 6000 米的高度，公元 8 世纪李白也登上海拔 3767 米的太白山峰，而欧洲人直到 18 世纪末才登上了海拔 4000 米以上的高峰。与欧洲早期登山活动相比，在时间及高度上，我国都处于领先地位。但作为现代登山运动，我国起步较晚。

一、中国运动员首次登山活动

1955 年初，苏联全苏工会中央理事会向中华全国总工会发出邀请，希望全国总工会能派人去苏联学习登山技术。同年 5 月，全国总工会派许竞、师秀、周正、杨德源 4 人赴苏联参加高加索登山营学习。他们和苏联运动员联合组成中苏帕米尔登山队，成功地登上了帕米尔高原海拔 6673 米的团结峰和海拔 6780 米的十月峰，这是中国运动员的首次登山。

二、中国成立登山队

1956 年 3 月，中华全国总工会在北京西郊八大处举办了登山训练班，培训出了一批登山运动员，这批登山运动员共计 55 人。结业后，从 55 名学员中选出 35 人组成了登山队，这是中华人民共和国成立以来的第一支登山队，定名为"中华全国总工会登山队"。1956 年 4 月 25 日，成立不久的中华全国总工会登山队，在苏联专家的指导下，队长史占春等 32 人登上了我国青藏高原以东的最高峰——秦岭山脉的主峰，海拔 3767 米的太白山。在太白山顶，按着国际惯例，队员们把全体队员签名的爬山纪录，放在空罐头盒内，藏在用石头垒的石塔里，作为这次攀登胜利的标志。队员们举着冰镐欢呼首战告捷，表示要在更多的山峰上，留下我国登山运动员的足迹。1957 年，中华全国总工会登山队登上了四川省西部海拔 7556 米，攀登难度很大的贡嘎山顶峰。这是我国运动员第一次独立组队进行的攀登活动，也是首次独立征服 7500 米以上高峰。我国登山队独立攀登贡嘎山的成功，刷新了我国登山运动的纪录。以此为标志，中国现代登山运动进入了蓬勃发展的新时期。

1958年，国家体委将登山列为正式的体育运动项目。同年4月8日，在北京成立了中国组织、管理和推进登山运动的唯一的全国性组织——中国登山运动协会，并计划攀登珠穆朗玛峰。1960年5月25日，我国登山运动员王富洲、屈银华、贡布在队长史占春和王凤桐、刘连满的协助下，经过两个月的艰苦拼搏，首次从北坡成功地登上了世界第一高峰——珠穆朗玛峰，从此跻身世界登山的先进行列。1974—1981年，中国登山队曾借用北京怀柔水上学校暂为训练基地。由于该地区的地理环境条件对登山运动员的陆上训练和休整较为理想，经国家体委批准，中国登山队把水上学校旧址改建成了登山训练基地。

三、中国女子运动员征服世界高峰

1959年7月7日，中国登山队潘多、西尧、周玉瑛、王义勤等8名女队员与25名男队员一同登上了帕米尔高原上海拔7546米的慕士塔格峰，打破了法国科根创造的世界女子登山高度纪录。1961年6月17日，中国藏族女子登山运动员潘多、西尧同两名男子运动员一起成功地登上了海拔7595米的公格尔九别峰，创造了当时女子登山的最高纪录。1975年5月，中国科学考察登山队9名队员（其中有一名女运动员潘多），再次征服被称为"地球第三极"的珠穆朗玛峰，创造了男女混合一次登上世界最高峰中人数最多和女子登山高度两项世界纪录。

四、20世纪80年代后的中国登山运动

由于"喜马拉雅黄金时代"的辉煌，在地球上14座8000米以上的高峰被各国运动员征服后，从登山运动的高度来看已达到了顶点。我国的登山运动员和其他国家的登山运动员一样，不断选择奇、险、难的路线攀登，向一个又一个高峰挑战。1987年2月24日，中国、日本、尼泊尔三国经14次磋商，在北京签订了《中日尼1988年珠穆朗玛/萨迦玛塔友好登山协定书》，制订了三国登山队分别从珠峰南北两侧攀登会师峰顶的计划，并于1988年5月5日中、日、尼三国登山队员顺利实现了顶峰会师、南北跨越、顶峰电视实况转播等举世瞩目的创举。

1988年7月4日，中国第一个登山训练用的人工岩场在北京怀柔水库建成。到了20世纪90年代，根据国际登山运动的发展趋势，我国也在努力开展攀岩运动。这是一个有惊无险，易于学校开展的体育项目。我国攀岩水平与世界差距较大，即使在亚洲也有一定的差距。可喜的是，我国攀岩选手的后备军进步迅速。在2000年10月21日中国怀柔登山基地举行的"同仁堂杯"第二届亚洲青年攀岩

赛暨第八届全国攀岩锦标赛上，韩国队包揽了 14 ～ 15 岁年龄组、16 ～ 17 岁年龄组、18 ～ 19 岁年龄组的男子冠军，日本队夺得两个年龄组的女子金牌，中国的李春华赢得了 16 ～ 17 岁组的女子冠军。

五、我国对外开放的山峰

我国拥有许多世界著名的高峰，在 14 座海拔 8000 米以上的高峰中，有 9 座高峰在我国境内或在我国与邻国的边界线上。而且在我国西部，6000 米以上的高峰星罗棋布，7000 米以上的高峰就有 150 多座。因此，世界各国登山界对到我国登山抱有很大的兴趣。为了促进中国人民和世界各国人民的友好往来，增进友谊，推动我国登山事业的发展，1979 年由中国登山运动协会提议，经国务院批准，中国部分山峰开始对外开放，并建立了登山旅游机构，为各国登山探险提供交通、食宿、装备、导游等方面的服务，以接待外国自费来华的登山队和登山旅游者。几十年来已接待了数千支外国来华登山团队。中国已开放的山峰有珠穆朗玛峰、希夏邦马峰、慕士塔格山、公格尔山、公格尔九别峰、博格达山、贡嘎山、阿尼玛卿峰、四姑娘山、乔戈里峰、加舒尔布鲁木 I 峰、布洛阿特峰、加舒尔布鲁木 II 峰等近百座山峰及山区。

第二章 登山运动的分类

第一节 高山探险

高山探险登山运动项目之一是运动员在器械和装备的辅助下，经受各种恶劣自然条件的考验，以攀登高峰绝顶（一般指雪线以上）为目的的登山活动。

高山探险登山对登山者（通常是训练有素的专业登山运动员）有着较高的要求。

第一，登山者要有良好的身体素质和坚强的意志。在登山过程中，登山者将面临滚石、陡壁、雪坡、狂风、严寒及高山缺氧等多种困难和难以预料的险情，登山者必须具有良好的身体素质、坚强的意志和对各种恶劣自然条件的高度适应能力。

第二，登山者还应具备一定的科学技术知识，能运用各种登山技术装备，排除各种险情，胜任行军、露营和炊事工作，还要学会使用通信、摄影、气象和科研等器材。

第三，登山者还要有结合相应专业进行综合科学考察的能力。高山探险所涉及的山区，往往是一般科学工作者平时难以深入的地区，而登山运动员在高山缺氧的环境中，比一般科学工作者活动能力强，登山运动员有自己的学科专业或相应的学科知识，就可独立或协助科研人员进行有关学科的科学考察。中国登山队已成功攀登贡嘎山、慕士塔格峰、公格尔九别峰、珠穆朗玛峰、希夏邦马峰、托木尔峰、纳木那尼峰、南迦巴瓦峰等世界著名高峰，高山探险是我国最早达到世界先进水平的运动项目之一。我国登山运动与科学考察第一次有计划地结合，始于 1957 年攀登贡嘎山。这次登山活动接收了北京大学、北京农业大学、武汉医学院、成都中心气象台的 6 名科学工作者参加，对贡嘎山的气象、地质、地貌等进行了考察，同时进行了一些高山生理学研究，初步收集了一些有价值的资料。1960 年，在国家体委的组织下，由中国科学院及有关科研单位、大专院校的 46 名科学工作者组成的考察队，第一次对珠穆朗玛峰进行了全面的科学考察。

第二节　竞技登山

竞技登山运动又称技术登山，是登山运动项目之一。它是一种运用熟练的攀登技术和各种技术装备，专门攀登悬崖峭壁或冰壁的登山活动。早在 1865 年，英国登山家埃德瓦特就首次使用钢锥、铁链和登山绳索等简易装备，成功地攀上险峰，从而成为攀登技术的创始人。1890 年，英国登山家又改进了攀岩工具，发明了打楔用的钢锥、钢丝挂梯以及各种登山绳结，使攀登技术发展到了更加成熟的阶段。

在欧洲许多登山家将登山的目标转移到亚洲高山区的同时，西欧以阿尔卑斯山为中心的竞技登山运动也活跃起来。欧洲登山界把各种陡峭难攀的岩壁划分出 6 个不同难度等级，开展攀登竞赛，到了 20 世纪 70 年代，欧洲攀登能手已不满足于 6 个难度级别，因而出现了第 7 级的高难度等级，80 年代又出现了第 8 级的特高难度级别。目前，在攀登技术上有两种不同风格类型，一种是以苏联运动员为代表的力量型，一种是以法国运动员为代表的技术型。两种类型虽近乎平分秋色，但技术型似乎更具魔力，故有人将此运动誉为"高山上的芭蕾""岩壁上的艺术体操"。

第三节　攀岩

攀岩运动是一项不用攀登工具，仅依靠手脚和身体的平衡攀登陡峭岩壁或人造岩墙的竞技性运动项目。该项运动源于 20 世纪 50 ～ 60 年代，1974 年被正式列为国际竞技体育运动项目。

通俗地讲，攀岩运动就是在岩壁上比赛攀登本领的一项活动。根据竞赛规程，攀岩比赛可分为"难度攀岩"（比攀登的高度、技巧）及"速度攀岩"（比攀上陡壁的速度）两种。

攀岩是高山探险活动中通过陡峭的冰雪岩石地形的一种基本攀登技术，曾是训练登山运动员的一种手段。自 20 世纪 50 年代开始，苏联和欧洲的一些人将攀岩作为一项新的运动项目开展起来。1965年，世界第一面人造岩墙在英国的威尔士建成。1974年9月，苏联和捷克斯洛伐克的登山组织，在苏联克里米亚举办了首届"国际攀岩锦标赛"，有来自12个国家的213位选手参加了比赛。在第一届国际攀岩锦标赛的基础上，由苏联倡议，国际登山联合会决定，每两年举行一次"世界攀岩锦标赛"及"世界杯攀岩赛"。攀岩运动和技术水平不断提高，规则也日益完善，现已形成了个人单攀赛、自选路线攀岩赛、双人结组攀岩赛和小队（集体）攀登赛4个比赛项目。目前，国际登山联合会正在努力争取将攀岩比赛列为奥运会项目，为了达到此目的，50多个会员国将逐步建立地域性"攀岩委员会"，统筹安排各地区的攀岩赛事。1990年9月成立的"亚洲攀岩委员会"，1992年11月在韩国举办了亚洲第一届攀岩锦标赛。亚洲攀岩运动起步较晚，但进步很快，尤其是在韩国、日本已具有相当规模。我国于1987年10月，在北京怀柔首次举办全国攀岩邀请赛（后改称全国攀岩锦标赛），并邀请日本、中国香港队参赛。1988年举办了第2届"伊里兰杯"全国攀岩邀请赛，1989年10月在河南焦作市举办了第3届"焦作杯"全国攀岩赛，以后每年举办一次个人单攀岩赛（分男子单人和女子单人攀登比赛）。这种比赛不仅比攀登技巧（包括技术水平和技术装备的应用），还比通过全部路线的时间（从出发地点到岩壁顶部或又从顶部返回出发点所用的时间）。比赛是在同一地形上进行，由运动员一个个地进行攀登。1998年7月，在华山举办了"钟楼杯"国际攀岩邀请赛。1999年9月，第八届亚洲攀岩锦标赛在华山举行。

除此之外，按照项目要求，攀岩比赛分个人单攀岩、双人结组攀岩赛、集体攀登赛和自选路线攀登赛4个项目。怀柔举行了首届全国攀岩邀请赛，日本、中国香港队应邀参加了比赛。

双人结组攀岩每组2人结组进行攀登，路线由裁判员选好指定。与单人攀登赛不同的是两人必须结组进行攀登。除比赛攀登技术和速度外，还要比赛互相保护的技术。

自选路线攀岩主要是运动员自己选择登上岩壁顶部和下降的路线。在距离攀登岩石坡面500～800米以外的地方，运动员用裁判员提供的望远镜和绘图工具选择路线，并在绘图版上标明自己选好的路线。实地攀登时，不能离开自己事先确定的路线20米以上。这种比赛不仅比攀登技术和攀登速度，同时还比路线选择的好坏。

集体（小队）攀岩这种比赛与正规登山活动一样，参加者事先编好小队（4～6人），背负全套登山装备（睡袋、帐篷、炊具、保护器材、绳索、冰镐等），通过事先指定的路线，按指定地点搭设和拆除帐篷，途中交替保护。其比赛内容包括攀登技术、小队战术、保护技术、通过全部路线的时间等。这个项目也可进行小队自选路线攀登。

攀岩运动员在攀登时虽设有安全保护装置，如绳索、铁锁等，但不允许使用，只能靠运动员的两手两脚抓蹬岩面上突起的支点、棱角或裂缝，移动四点中的一点向上攀登，这就需要勇往直前的气魄、充沛的体力和精湛的攀登技巧，因而使这项运动极富挑战性。尤其在紧张的比赛中，运动员不但必须发挥出自身的全部力量，还要集耐力、柔韧和平衡能力于一体，利用岩壁上那些难以把握的支点向上攀登，完成腾挪、蹿跳、引体向上等动作，使观众在惊险的表演中得到一种美的享受。所以，人们又把这项运动誉为"峭壁上的艺术体操""岩壁芭蕾"等。

第四节　普通登山活动

由于登山装备和技术等各种条件的限制，广泛开展探险登山和攀岩比赛是不可能的，但是与旅游和群众性体育活动相结合，组织一些难度较低、装备条件要求简单的登山活动和攀岩比赛是十分现实和有意义的。

普通登山活动有两种：旅游登山和定向登山比赛。

旅游登山是旅游和登山相结合的活动，历史悠久，但作为现代人的旅游登山还是在 20 世纪 70 年代初随着登山运动的发展而兴起的。20 世纪 80 年代以后，西欧、日本、美洲各国和我国的港台地区的登山旅游活动非常活跃。在我国，由于中国登山队的成就及其在野外科学考察中的特殊贡献，而且作为登山运动本身又能锻炼人的身体和意志，群众性的大型登山活动也随之逐步开展起来。一些大专院校先后成立了登山协会，这些协会主要利用假期，组织青少年登山夏令营，并普及登山基本技术和知识。另外，还根据国家登山任务的需要，选派队员参与执行国家任务。1984 年 9 月，中国登山协会和全国体育总会群体部、宣传部，联名发出倡议，为了进一步丰富广大人民群众的业余文化生活，把"九九重阳登高"这一传统节日逐步恢复起来，并因地制宜地开展多种多样的群众性登高游山等体育活动。东岳泰山向来以"五岳独尊""登泰山而小天下"称誉海内外，而泰安人历来就有"阳春三月，岱山踏青"的传统。1985 年 3 月 13 日，泰安地区和泰安市联合举行了万人登山活动，大约有 2000 多人到达泰山的顶峰。为保持这一传统，促进经济文化交流，自 1987 年农历九月初九重阳节开始，中国登山协会与泰安市一起举办的第一届泰山国际登山节，来自世界数十个国家和地区的上万名运动员参加了九九重阳节登泰山比赛，现已成为国际著名的群众登山项目之一。而在拉萨、秦皇岛市、张家口市等地，近年来也都举办过规模盛大的"万人登山活动"。在北京，自 1984 年 10 月 3 日在香山公园由 700 名初、高中学生参加的北京市"九九重阳"登高活动开始，每年的九九重阳节，都会有很多群众在此举行登山比赛。自 1996 年 1 月 1 日开始，中国登山协会与北京市体委一起，在每年的元旦——新的一年开始之际，组织数万名群众参加八达岭元旦万人登长城活动，成为北京市重要的群众登山活动之一。

定向登山比赛也是一项普通登山活动，它在欧洲、日本等国开展得较为普及，与旅游登山的不同之处在于它是一种比赛性的登山活动。因此，组织起来比旅游登山更严密，也更具有程序性。通常要事先选定一座山峰，攀登难度不宜太大，以登顶为目标，将参加比赛的登山者分为若干个小组，从一个出发点同时出发，按事先规定的路线越过草坡、山间河流或小溪（难度稍大时还会有冰雪坡），选择宿营地点，攀登岩石峭壁等，登上顶峰后下山返回原出发地点或指定地点。在路线上，每一段特殊地形，如渡河点、峭壁、宿营地等处，都设有裁判员。裁判员对各组通过特殊地形时的路线选择、通过方式、技术装备的使用、攀登技术的运用、宿营地点的选择（地点选择是否安全、生活方便与否、帐篷搭设是否合理等）进行评定。这种登山比赛要求参加者受过较为系统的训练，因此多在大专院校的学生中和军队中进行。

第三章 登山运动器材装备

第一节 衣物装备

衣物的作用是在皮肤外产生一层稀薄而与外部隔绝的空气，让人感到舒适，而所有舒适的敌人——风、雨、热气、寒气等都会被这层保护阻挡在外面。对登山者来说，"舒适感"是相对的，山区恶劣的天气会迫使登山者忍受远低于一般人的舒适标准。在攀登时，维持相对舒适的关键在于保持身体干燥，即使淋湿后，也要能保持温暖并迅速恢复干燥。

衣物必须保护登山者在热天不致过热中暑，避免登山者流汗过多而湿透衣物或导致脱水，所以防晒和透气性也是考虑的重点。

登山用品店有各种款式、高科技纤维制品，功能与品牌多到令人眼花缭乱，每家厂商都宣称自己的产品是最好的。第一次选购登山衣物时常会被众多品牌款式所惑，这时可以仔细地阅读标签，或是询问服务人员来协助做出适当的选择。除了价位外，也要考虑耐用性、多功能性和产品信赖度。此外，其他户外运动的衣服可能也适用于登山。

切记，没有任何一种款式或质料可以适用于每个人或所有状况，衣物的选择因个人的体型或新陈代谢的速率而异；同一位登山者也不会每次登山都穿着同样的衣服，应随着季节或登山的性质来选择合适的衣物。个人的喜好也会影响衣物的选择，最好的方式是从过去的尝试中吸取经验，保留那些最舒适的衣物。

一、穿衣原则

新手第一次从事野外活动时，最好多穿几层衣服来保持身体干燥温暖，等积累足够经验后，再判断可以删除哪些东西；判断的标准是不管在任何状况下，少了这些东西也能活命。试着减轻衣物的重量，但千万不可为了减轻重量而危及自身安全。出发前记得看当地的气象预报，考虑会遇到怎样的天气和气温，再来做适当的打包选择。多层穿衣法要求用系统的层次方法穿衣服，可以发挥衣服最大的效能，并具有最多的用途。可以适应山区剧烈的天气变化，还可以随时进行调整，以最小的重量和体积让身体在任何时候都保持舒适。大多数有经验的登山者最后都会形成一套穿衣服的方法，视各种不同情况或个人偏好做适当的搭配，或许内层会改变，或许会多带或少带几件保暖层，或许带不同的外层来试验新的产品——但基本的多层穿衣法原理是不会改变的，也经得起时间和潮流的考验。多层穿衣法可分为三层：贴身内层、保暖层和外层。

（1）贴身内层（内衣）：应选排汗性佳的内衣，可保持皮肤干燥。这对保暖来说是很重要的，因为湿的衣物贴在皮肤上会比干的衣物更容易让体热散失。

（2）保暖层：应包住周身的温暖空气。包住的空气越厚，身体便越温暖。穿数件宽松的薄衣服虽然不如一件绒毛大衣那么保暖，但可以一层层包住空气，而且有调整性。

（3）外层：应能防风、防雨以及防晒。

二、登山衣物的质料、种类及其优缺点

登山衣物的质料种类繁多，各质料的优缺点如表 3-1 所示。

表3-1　登山衣物质料优缺点

材　质	优　点	缺　点	用　途
聚酯纤维/聚丙烯	吸水性小、湿了仍具保暖性、质轻	某些种类有异味、防风性不佳、可能较占体积、遇热即融化	具多种形式，可作为贴身内层（内衣、T恤）、保暖层、帽子、手套、袜子等
毛料	湿了仍具保暖性、防风耐磨性佳、摩擦力大、不会遇热即融化	湿了不易干、厚重、穿起来具瘙痒感	贴身内层、保暖层（毛衣、衬衫、长裤）、帽子、手套、袜子
尼龙	耐用、质轻、防风及耐磨性佳	若无防水处理吸水性大、不易干，质地滑顺、摩擦力小、遇热即融化	外层衣物（连帽雨衣、风衣、雨裤、并指手套）、帽子、不透气袜
弹性/尼龙混织物	用途广、伸展性佳、耐用，具有不错的防风性和保暖性，易干、穿起来舒服	有些种类不易干、可能会被钩破、较昂贵	贴身内层、轻薄的外层衣物

材　质	优　点	缺　点	用　途
棉质	透气性佳、适合热天穿着、干燥时极舒适	吸水性强、不易干、湿了便丧失保暖效果	防晒衣物、手帕、帽子、T恤，不适用于凉爽、潮湿天气

三、登山的全套服装

了解登山衣物质料的特性和内外层衣物的穿法后，就可以组合出一套完整的登山服装。登山者所选用的细项可能会因人而异，不过目的相同，即组合出一套完整且多功能的服装。下面针对三层服装个别说明穿着原则。

（一）贴身内层

（1）长内衣裤：选择适当的长内衣能提供御寒的效果。聚丙烯和聚酯纤维是最多人选用的，也有些人喜爱毛织品。深色长内衣较易吸热，能使身体温暖，在阳光下也干得较快。浅色的长内衣较不吸热，适合热天穿着，长袖内衣也能预防晒伤和蚊虫叮咬（图3-1、图3-2）。

图 3-1　长内衣

图 3-2　长内裤

在攀岩时，登山者偶尔会以弹性织物和聚酯纤维混纺的紧身衣来取代长内衣，因为它具有较强的伸展性，便于活动，但保暖性不如聚酯纤维内衣。

（2）T恤和短裤：在大热天里，因为不需要靠衣服排汗，所以棉质T恤（图3-3）或无袖上衣就足以应付，只是长袖衣服具有防晒的功用。但棉质T恤不适合凉爽的山区。在微风轻拂的凉爽日子里攀登陡峭的山壁，汗水会湿透棉质T恤，停下来休息时，湿衣服会令人冷得发颤。在大部分的情况下，不吸汗的合成纤维比棉质衣物适宜。T恤宜选择浅色且宽松的才会凉爽通风。

图3-3　T恤

短裤必须兼顾透气与耐磨。一件宽松的尼龙短裤，加上一件尼龙网眼内裤就可达到不错的效果。登山者很少穿棉质内裤，因为汗湿的内裤会摩擦皮肤，产生不适感。在温和的天气下，最受欢迎的组合是轻质聚酯纤维长内衣加上一件尼龙短裤。可以拆解成短裤的轻质尼龙长裤也是非常受欢迎的多用途选择。

（二）保暖层

天气冷时，需要穿上数层保暖衣物。上半身的选择包括厚的长内衣、毛料或合纤衬衫、毛衣、羽绒夹克或人造纤维填充内料的夹克。腿部可选择厚卫生裤、毛料长裤或较有弹性的尼龙裤。在非常寒冷的情形下，有时会使用连身的保暖衣物。市面上有很多种选择，主要的目的在于即使身体湿了仍能保持温暖。请把棉质汗衫和牛仔裤留在家里。

（1）衬衫和毛衣：衬衫和毛衣要够长，才能扎进裤腰或拉出来盖到腰部。长裤和上半身衣物间的空隙会使宝贵的温暖空气散失。高领内衣和毛衣的保暖效果相当不错，而且也不太重（图3-4）。

图 3-4 毛衣

（2）保暖长裤：要选择比较宽松或具有伸缩性的长裤，以利于自由伸展；质料应紧密，并经过防风或耐磨的处理。毛料或毛料与聚酯纤维混纺的材质效果很好，羊毛裤虽轻但并不挡风耐磨。请选购臀部和膝部有加强设计、腿侧有拉链的款式，如此在穿着冰爪或滑雪板时也能顺利穿脱长裤（图 3-5）。

图 3-5 保暖长裤

（3）七分裤：有些登山者比较喜欢及膝的七分登山裤加上绑腿，便于活动和通风，裤腿也不致遭雪或露水沾湿（图 3-6）。

图 3-6 七分裤

（三）外层

理想的外层应为非隔离性、防风、完全防水及完全透气。在这方面冲锋衣是一个不错的选择，推荐具有 GORE-TEX 面料的冲锋衣（图 3-7）。

软壳是介于抓绒衣和冲锋衣之间的一种服装，在外层使用防水面料，具备防风放水性能，里面采用抓绒面料，具备保暖，透气的性能（图 3-8）。

图 3-7　冲锋衣

图 3-8　软壳衣

另一个方法是带两层外层衣物：一层质轻透气的风衣和一层质轻的雨衣（透气或不透气皆可）。轻风微雨时穿风衣，雨势较大时再添加雨衣。这种方式比较省钱，而且不下雨时穿风衣比较通风。但不透气的雨衣比不上防水透气的雨衣舒适，而且携带两件衣物也增加了背包的重量。

（1）连帽雨衣：有各种不同的款式，标准连帽型雨衣前面是全开式拉链，可调节通风度。有些人偏爱套头式雨衣（前面没有拉链，穿着时由头上套入），因为它更轻、体积更小，防风性也较佳（图3-9）。

图3-9　连帽雨衣

（2）雨裤：在侧边最好有拉链设计，让你可以在穿着鞋子、冰爪时轻松穿脱雨裤。因为雨裤穿着的频率较雨衣低（通常为一组好的绑腿），而且在穿越灌木丛或从雪坡滑降时容易磨损，所以可以选择比较便宜的非透气性雨裤（图3-10）。

图3-10　雨裤

有些登山者采用防水透气的吊带裤作为下半身的外层，尤其是在较冷的山区。有些吊带裤内有保暖的填充材料，非常适合严寒山区的远征队伍。这种裤子比一般雨裤保暖，因为它包覆了大部分的身体，可以避免雪由腰际掉入裤管，但夏季穿着时则太热。有些人会选择连身的雨衣裤——它的保暖能力最佳，但缺乏多功能。

（四）头套

古谚有云："脚冷时就戴上帽子。"不戴帽子的头就像一个散热器，有超过二分之一的体热是由头部散失的。老祖宗说得有理，因为躯干一觉得冷，流向四肢的血液量就会减少，以保持重要部位的体温——包括头部，所以天冷时戴上帽子可以促进四肢血液的循环。

登山者一般会携带几种不同的帽子，把它们放在方便易取的小袋子里，这样可随时适应多变的气温。在帽檐处缝上系带，可防止帽子被风吹落悬崖。

隔离性的保暖帽子的材质有毛料、聚丙烯或聚酯羊毛等（图3-11）。

图3-11　抓绒帽

套头露脸帽是多用途的、有隔离作用的帽子，因为它可以同时保护头部和颈部，也可以卷起来让颈部通风。可考虑携带两顶具隔离性的帽子，多戴一顶帽子几乎和多穿一件毛衣一样保暖，而且重量轻。有时在头盔下面可加一顶薄帽子，特别是天气寒冷时。雨帽也很好用，它的透气性优于连帽雨衣，戴起来也较为舒适。若要有更佳的透气性，可以考虑防水透气材质的雨帽。

防日晒的帽子（图3-12）有宽大的帽檐或垂折，可以保护耳朵和颈部，十分受冰攀者欢迎。棒球帽缝上头巾也能达到相同的效果，帽檐可以遮光，并避免雨或雪打到眼睛上。

图 3-12　户外太阳帽

（五）分指手套和并指手套

即使没有下雨，抓握湿湿的绳子和在潮湿的岩壁上攀，也会使分指手套和并指手套湿透。手指是身体最难保暖的部位之一，因为在酷寒时身体会减少四肢末端的血液流量，血液流量一减少，手指的灵活度就会减弱，使得拉拉链或打绳结的动作变得迟缓，这样一来会减慢攀登的速度，特别是在要赶进度到达遮蔽风雪的地方过夜的紧要关头，往往会因耽搁而发生危险。

需要有相当的经验，才能对手套做出明智的选择。通常要在灵活度和保暖性之间做权衡，一般来讲，越厚的手套越保暖，但灵活度也越差。在越需要技巧的攀登上，灵活度的考虑也就越重要。

多层穿衣法也可以应用在手套上，第一层先戴薄的分指手套（图 3-13），再戴上并指手套（图 3-14）。并指手套比较保暖，因为手指头可以靠在一起取暖。只要不影响血液循环，薄的分指手套加并指手套，再套上防雪手套可达到最佳的保暖效果。

图 3-13　分指手套

图 3-14　并指手套

　　和其他保暖衣物一样，分指或并指手套的材质应该在湿了之后还能保暖。合适的质料有合纤、毛料和合纤混纺或纯毛料材质。防雪手套是手部的外保护层，手心部分有防滑处理，可以让你在使用雪地装备时抓得更牢。防雪手套的袖口需和雨衣的袖子重叠 10 ～ 15 厘米，松紧带或魔鬼黏可以将套口固定在上臂。

　　和帽子一样，手套也要缝上安全带，这样在脱下并指手套攀岩或抹防晒油时才不易掉落。

　　在营地活动时，并指手套内戴层薄的分指手套或无指手套，双手便可做细活又不致暴露于寒冷之中。在天气非常冷时，要避免让手指冻僵，这时分指手套比无指手套要好。但在寒冷的天气攀岩时，无指手套比较好，因为没有一层布挡在手指和岩石之间碍事。

　　抓着绳索下降或帮人确保时，戴皮手套可以让你抓得更牢，万一坠落也不致被绳索磨伤手。但皮手套在湿了后无法保暖，而且不容易干。

四、登山鞋

（一）皮靴

　　传统的皮靴用途很广，至今仍深受登山者喜爱，一般的登山鞋要兼顾以下特质并达到良好的平衡：必须够坚固，不怕岩石刮伤；必须要够硬，才能踢入硬雪和穿上冰爪；穿起来要舒适，以便应付长时间的健行。在一天的行程里，登山鞋可能会陷入泥巴、涉过溪水、穿越碎石、灌丛、硬雪、陡峭岩壁和冰等，这些状况皮靴都可以应付自如。典型的皮制登山鞋有下列特征（图 3-15）

图 3-15　登山皮靴

（1）高筒（14～29厘米），行走在崎岖地表时能支撑及保护脚踝。

（2）采用黄金鞋底设计，可增强抓地力，不致在滑溜的草地、泥沼地及雪地上滑倒。

（3）U型硬皮将鞋底和鞋面接缝处密封，可加强防水功能并简化保养工作。

（4）鞋子的内撑垫须相当坚固（鞋底有嵌入金属或强化塑胶等加强物）。

（5）车缝线尽量减少，以减少水的渗入。

（6）鞋舌部分有加强处理或折叠，阻止水进入鞋内。

（7）较易磨损的部位，如鞋尖和鞋跟需有两到三层的皮革强化，使之耐磨。

（8）脚趾接触的部分需有强化设计，可减少由冰爪带束缚所造成的不适，并适合在硬雪中踢出步阶。

（9）脚跟接触部分有强化设计，增加脚部的稳定性，利于在硬雪中下坡时踏出步阶。

（10）鞋口要够大，以便在鞋子结冻、受潮时仍能穿脱自如。

（二）半皮靴

制鞋的科技日新月异，鞋子的某些部位已改用合成皮代替。某些半皮靴适合攀登用，它们有几个优点胜于全皮的登山鞋（图3-16）：①重量减轻；②更加舒适，缩短新鞋子的磨合期；③易干；④价格较便宜。

然而，半皮靴也有几个缺点：①在崎岖难行或没有现成路线的地方稳定性较差；②防水性较差；③耐用性差；④不够坚硬，难以在硬雪中做踢踏步或穿上冰爪。

大部分的半皮靴较适合健行用，如果用来攀登，有几点必须注意检查：靴筒必须够高、够坚硬，以保护脚踝；包覆鞋跟和脚尖的地方需要鼓起加厚；强化易磨损的部位。易弯曲的鞋底不适合穿上冰爪。

图 3-16　登山半皮靴

（三）双重靴

双重靴可分为塑胶外层和保暖内层两个部分，原本是针对海外远征和冰攀而设计，但在上市后，也受到许多雪地与冰河路线登山者的欢迎（图 3-17）。

图 3-17　双重靴

双重靴的塑胶外层非常坚硬，很适合穿上冰爪或雪鞋，因为冰爪上的系带可以牢牢绑紧靴子，却不致压迫脚部的血液循环。坚硬的鞋底也利于在雪坡上踢踏出步阶。

外层的塑胶壳能提供完全的防水，因此很适合潮湿的气候。内部的保暖靴接触不到融雪，能保持脚部的温暖。在营地时，内靴可以脱下，有助于靴内汗水的干燥。可惜的是这些适合在冰雪地行进的优点（坚硬、防水、干燥），却不适合一般山径健行使用。

（四）如何购买登山鞋

1. 根据鞋子的用途、鞋子的舒适性和功能来选择

一双好的登山鞋要看最常在哪些场合使用，没有一双鞋子可以满足各种不同的需求。户外用品店陈列各式的鞋具，健行鞋、轻便户外鞋、轻型/重型健行靴、登山鞋等一应俱全。这些鞋子最大的差异在于鞋底的坚硬度、鞋筒的软硬度及支撑力。

走山径与积雪不深或多岩石的路线时，软硬度适中的登山鞋能提供足够的支撑力，并兼具弹性和舒适度。只要鞋底和鞋筒够坚固，皮靴和半皮靴都适用。

如果是用在具技巧性的高山攀岩上，坚硬的鞋子可提供良好的踢踏能力，具有弹性的鞋子也有少数人采用，但它是不合适的选择。坚硬的鞋底走起路来较困难，但站在碎石坡上，它可以大幅减轻双脚的疲累。鞋底要够硬才能支撑站在狭窄的岩阶上，不管是用脚尖还是用脚的两侧。

在硬雪上行走，不论是踢踏步走法还是系上冰爪，太柔软的鞋底显然是个缺点。要穿够硬的鞋子才能踢出好的步阶，走得更有信心。

冰攀需要高性能的登山鞋，鞋底一定要非常坚硬，双重靴和非常坚硬的皮靴最为合适。

2. 选择合脚的鞋子

不论是什么材质，登山鞋一定要合脚。多试几种品牌和不同的款式，有些品牌提供各种宽度的靴子，有些品牌则分成男用和女用款式，货比三家不吃亏。

在买登山鞋时，要把登山常穿的袜子或配件（如鞋垫）也带去。大多数人的脚在白天比较肿大，所以可以考虑在傍晚时买鞋，这时人脚的尺寸最大。

在试穿时，把鞋带系好，试着两脚并拢站在一侧悬空的边上，测试其稳定性。可能的话，背上沉重的背包走或站几分钟，让脚习惯靴子内部的线条。靴子内有任何缝线或折痕都会使足部不舒适或夹脚。一双合脚的靴子会紧紧地固定你的脚跟，但脚趾却有足够的活动空间，在向前倾时，脚趾不会挤在一起。站在一个向下倾斜的斜坡上最能测知脚趾是否有足够的空间。在踢坚硬的物体时，脚趾也不该碰触到靴子的前端。

如果登山鞋太紧，会阻碍血液循环，使双足发冷，增加冻伤的机会。太紧或太松的靴子都会把脚磨出水泡。与其选稍紧的靴子，不如选稍松一点的，可以穿厚袜子或放鞋垫来补救。

双重靴一开始就要选合脚的，因为靴子很硬，不会像皮靴或半皮靴一样，穿久了会合脚。不要选太紧的，以免让这种在高海拔或极冷地区使用的靴子阻碍脚部的血液循环。

（五）登山鞋的保养

一双好的登山鞋善加保养可以穿好几年。在不用时保持清洁干燥，可以防止发霉。避免将靴子存放于高温处，热度会损伤靴子的皮革、缝线和靴底的黏胶。登山时，水会经由靴筒或线缝渗透到靴子内部，靴面做防水加工的处理可减少水分渗入。登山鞋要定期做防水处理。

防水加工前，靴子必须清洁干燥，用温和的肥皂清洗才不会损害皮革，如洗鞍具的专用皂。用硬毛的刷子去除沙粒。

靴子上的污点很难完全去除，旧靴上做防水加工，没有新靴做防水加工持久。双重靴使用后须将内靴拿出来晾干，把杂质和塑胶屑清理干净，以预防磨伤和穿坏。

防水加工的产品有很多种，需依靴皮鞣制的过程而定，可参考制造厂商所附的说明书。半皮靴的非皮质部分无法完全防水，但喷上一层以硅树脂为主的物质可以增强防水能力。无论用哪种方式做防水加工处理，都要定期做才能保持登山鞋干爽。

五、袜子

袜子可隔离脚和靴子以防磨伤，并可提供衬垫保护的作用。毛袜或合纤制的袜子可以保护足部，棉袜则会因吸水而湿透、松垮，粘在脚上把皮肤泡烂，引起水泡，缺少保护功能。

袜子要能吸汗，因为登山鞋大都不太透气，脚上的汗水会逐渐汇集，直到有机会脱下鞋子为止。合纤制的袜子（包含聚酯纤维、尼龙、压克力）比毛料容易干。

大多数的登山者会穿两双袜子。第一层穿薄的内袜，可以将汗水排到外层的袜子上，使足部保持某种程度的干爽。外层的袜子通常较厚也较粗糙，可以吸收内层袜子的湿气，也有衬垫的作用，可以防止脚部磨伤。

当然，也有很多例外的情况。攀岩者希望攀岩鞋能像皮肤一样贴身，所以不穿袜子或只穿一层薄袜；健行者在热天穿健行鞋活动时，也只穿一层袜子来保持足部凉爽。在雪季登山时，则是在较大的靴子内穿上三层袜子。穿着多双袜子时需注意脚部是否有充分的活动空间，如果阻碍了血液循环，穿再多双袜子也无法保暖。

穿上袜子前，先在易起水泡的地方裹上保护性的斜纹布或缠上运动胶带，如脚后跟。在穿新靴子或隔一段时间才去登山时，足部皮肤尚嫩，这招是很有用的。另一个预防水泡的方法是在靴内和袜内洒上使足部干爽的粉剂。

在远征或极冷的天气下，可在两双袜子间加层阻挡水汽的袜子，这种袜子防水但不透气，乍看之下，这似乎违背先前所讲的穿着理论。不过，我们可以用保丽龙杯装热咖啡作为例子，杯盖固然把水汽挡在杯内，但它也有保暖的作用，让咖啡不会太快冷掉。阻挡水汽的袜子也是一样：脚湿了，但依然保暖。

六、绑腿

登山时，雪、水以及砾石碎屑会沿鞋口进入靴内，绑腿可以封住裤管和鞋子间的缝隙。登山者不分冬夏都使用绑腿，因为全年都有雨露泥雪会沾湿裤管、袜子和靴子。

短筒绑腿自靴口向上延伸 12～15 厘米，夏季时足以预防粗粒雪或碎石砾跑进靴内。但冬季的雪较深，需要及膝的标准绑腿。超级绑腿自靴底和靴身接缝处起包覆整只靴子，只留下靴底暴露在外，绑腿内的保暖层包住整个靴子，可增加保暖性（图 3-18）。

图 3-18　绑腿

绑腿覆盖靴身的部分应采用最耐用的质料，表面并有防水处理。功能较佳的绑腿在耐用材料内侧会再加一层防水薄膜。绑腿包住小腿的部分必须为透气的质料，才能排汗。

绑腿通常用扣子、魔鬼粘或拉链来闭合，其中用魔鬼粘在寒冷的天气中最容易穿脱。如果选购拉链式的绑腿，链齿必须要耐用，拉链旁最好能再多一层襟片，以扣子或魔鬼粘固定，可以保护拉链不受损坏，而即使拉链坏了，它也能保持绑腿的密合。绑腿顶端的拉绳可以防止绑腿下滑，绑腿需紧紧包住小腿，可以减少冰爪钩到绑腿的机会。

绑腿也要能与靴子贴合，防止雪落入绑腿，尤其是在下坡踏步时。绑腿下端有绳子、带子或皮带可绕过靴底，使绑腿和靴子的结合更为紧密，但这条带子很容易磨损，往往绑腿还没坏，带子就先坏了，所以买绑腿时要选择带子容易更换的款式。合成橡胶制的带子适合在雪中行走，但不适合在岩石上行进；较粗的绳子不怕岩石摩擦，但在雪中行走时容易和雪纠缠不清。

七、背包

登山者通常有两个背包：一个单日用小背包，里面可装一天来回所需的登山物品；一个是容量较大的背包，可以容纳野外露营过夜的装备。背包应能使背负的重量尽量靠近身体，且重心集中在臀部和大腿上面。

（一）小登山背包

小登山背包的容量通常介于30～40升之间，足以携带9～14千克重的物品。市面上的小背包种类繁多，耐用的程度不一。弓顶背包通常容量只有15千克左右，内部坚固，有硬架支撑。臀带在扣环处有6.7厘米宽，臀部处有13.3厘米宽。设有冰斧环、提环和冰爪带（图3-19）。有些没有内架支撑或臀带及衬垫，而且太脆弱，不适合登山用。

图 3-19　小登山背包

（二）大登山背包

背包内通常有坚固的框架使背包不变形并紧贴背部，在登山或滑雪的过程中容易保持平衡。容量可通过压缩带调节，变成小型的技术型背包。大背包一般设计成狭长的线条以利于穿越丛林或上下岩壁（图 3-20）。

图 3-20　大登山背包

（三）打包的要领

重心：一般重的物品置于顶部，让背包的重心高些，如此背负者于行进过程中腰才能挺直，如果要爬中级难度的山，背包的重心须置低些，让身体能弯曲穿行于林木间。一般的步行，背包装填重心可高些，在贴紧背部的位置。重量较重的器材置于背包上端且靠背部，如炉具、炊具、重的食物、雨具、水瓶等。重心太低或远离背会造成弯身行走，这样走起来很累。帐篷可绑在背包顶端，燃料油与水须分开放，避免污染食物与衣物（图 3-21）。

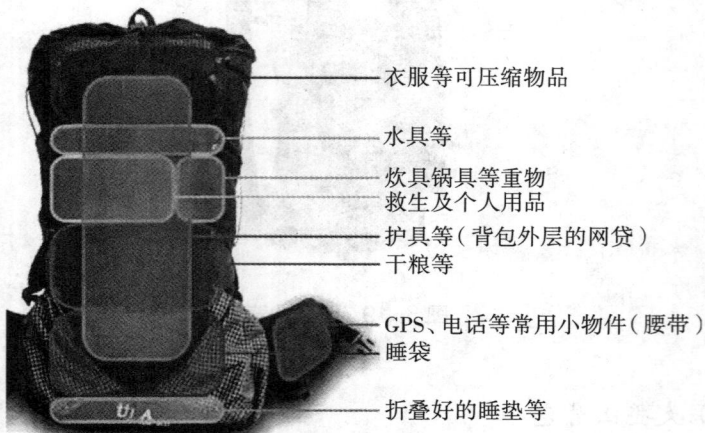

衣服等可压缩物品

水具等

炊具锅具等重物
救生及个人用品

护具等（背包外层的网贷）

干粮等

GPS、电话等常用小物件（腰带）
睡袋

折叠好的睡垫等

图 3-21　装包

次重物品置于背包中心和下方侧带，如备用衣物（必须用塑胶袋密封且用不同的颜色标识带子便于辨认）、个人器具、头灯、地图、指北针、相机。轻的物品放在下方，如睡袋（必须用防水袋密封），气垫。三脚架、水瓶等可放在侧袋。

男女有别：男女背包在装包时也有一点区别，因为男生的躯干上半身较长而女生的上半身较短但腿较长，装填时男生的重物置高些，因为男生的重心位置接近胸腔，女生的重心则低些，位置接近腹部，重的物品尽量贴紧背部，让重量高于腰。

实际操作：有很多小细节值得大家注意，在装包前一定要放松背包上的外挂带和收缩带，让背包内的空间充分施展开。装满物品后一定要收紧收缩带，以加固包中物品；如果背包面料较薄或外挂用品较多的话，尽量使用背包罩来保护装备和包体，相对于昂贵的背包，损失几个廉价的背包罩还是可以接受的。

装包：我们建议的方式是将帐篷像叠被子一样叠成长方体，其长宽与背包相同或稍大一点，并用一根扁绳收紧，地钉也夹在帐篷中（因为地钉带防护套，所以不会扎坏帐篷）。叠好的帐篷建议放在背包的最上层，也就是说一打开背包，第一个就是帐篷。这样做比较符合露营的顺序，我们在营地经常是先搭帐篷再做其他事情，而撤营时也是先收拾好帐篷里面的东西再叠帐篷。

帐篷：我们经常见到把东西撒得满地都是再搭帐篷的人，这样不仅使人感觉凌乱，在下雨下雪的时候也会淋湿很多物品。有人也许会问：帐篷放在最上面会不会影响拿取其他物品呢？这个多少是会有一些的，但因为帐篷被收成一个整体，拿取时并不费力，熟练以后也就习惯了。帐杆沿着背包侧面靠近背部的位置放置（这时背包的隔层要放松，以使帐杆能插到背包底部）。帐杆也可以外挂在背包两侧，但在走丛林时最好还是收在背包里面，这主要是为了更好地保护帐杆。

零散物品的装法：零散的物品体积不均，重量质地各不相同，因而装填的方法也各不相同。

软硬有别：对于软质地的物品（如帽子、手套等）建议用来填充大、硬、有形物品（如套锅、水瓶等）的间隙，对于硬质地，外形又不规则的小物品（如头灯、炉头等），建议将其装在套锅、饭盒等容器里，方便装填，又可以有效保护这些小物品，当然，头灯能否装进饭盒，炉头能否装进套锅在购买时要有所选择。随时拿取的小物品应放在第二层——也就是帐篷的下面，往往和食品在同一个层面上。

水和食品的装法：食品的装法与零散物品很像，位置也在同一层面上，这里就不再多说。

水：水往往是所有物品中比重较大的一个，它的放置直接关系到背包的重心，进而影响到整个旅程。但每个人的负重能力不同，舒适感也不同，就像有的民族将重物顶在头顶、有的却用一根布条勒在脑门上……但就笔者个人的喜好，愿意将水（一般是3千克）放在背包中部，也就是第三层，使整个背包的重心在中部偏上，这样会有最佳的舒适性（个人体会）。对于装水的容器，我们建议使用截面是方形的，这样可以减少容器所占的体积，也会减少间隙。

衣物和睡袋的放置：衣物尤其是冬天出行的衣物几乎与睡袋占有同样的体积，像抓毛绒、羽绒服等都具有很好的压缩性，但不建议使用压缩袋，这样会给拿取单件衣物造成很大的困难。笔者提倡的方式是将衣物放在背包下层，睡袋的上边（第四层）。这样既可以用一、二、三层物品的重量尽量压缩衣物所占空间，又可以在需要时方便地从底层拿取。睡袋就是第五层，建议使用压缩袋，这样不但可以减少体积，方便拿取，甚至可以将换洗的衣物一同压缩进去。

第二节　宿营装备

一、登山帐篷

登山帐篷能够快速容易地搭建，并有防雨雪、挡风沙、方便携带等优点，被登山者广泛使用。帐篷的类型与目的地的环境相适应，不同地区选择的帐篷也有所不同。

（一）帐篷的类型

1. 三角帐篷

三角形帐篷前后采用人字形铁管做支架，中间架一横杆连接，撑起内账，装上外账即可，这是早期最常见的帐篷款式（图3-22）。

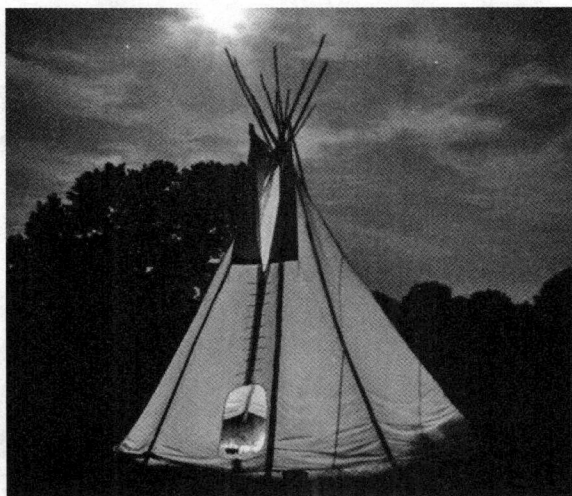

图 3-22　三角形帐篷

2. 圆顶帐篷

　　起风时，要用坚实的木钉固定，内部空间比较宽敞。圆顶设计适用广泛，从低海拔到高山都能使用，而且从单人帐到可以容纳十几个人聚餐开会的尺寸都有；支架简单，安装和拆卸非常快；但是由于它的迎风面是均等的，所以抗风性能差一些（图 3-23）。

　　在选购圆顶形帐篷时，建议选择舒适性高且搭建难度低一些的圆顶形帐篷。

图 3-23　圆顶形帐篷

3. 六角帐篷

六角形帐篷采用三杆或四杆交叉支撑，也有的采用六杆设计，注重了帐篷的稳固性，是"高山型"帐篷的常见款式（图3-24）。六角形帐篷具有空间大、抗风性能好、防雨性能好等优点，不过相对较重且搭建不是很方便。大多适用于高山跋涉及恶劣天气下使用。

在选购六角形帐篷时，建议选择透气性好的帐篷，透气性主要体现在内帐纱网的高度、外帐透气窗的大小以及外帐的高度。

图3-24　六角形帐篷

4. 船底形帐篷

船底形帐篷撑起后像一条反扣过来的小船，又可分为二杆、三杆不同的支撑方式，一般中间为卧室，两头为厅棚，在设计上注重了防风流线，也是常见的帐篷款式之一（图3-25）。船底形帐篷具有保暖性能好、抗风性能好、防雨性能好、空间大等优点，迎风搭建，风力并不能过度挤压帐杆；不过侧面来风则可能有些晃动。大多适用于高海拔营地建设。

在选购船底形帐篷时，建议选择带有涂层（即PU）的尼龙布料子，外帐最好选择PU1 500 mm以上的，而帐底的PU值需要超过3 000 mm，这样它的防水性很好。

图 3-25 船底形帐篷

（二）根据需要选择帐篷

帐篷是露营的基本装备，主要功能是防风、防雨、防露、防潮，为野营提供一个相对舒适的休息环境。如果有多种类型的帐篷可供选择，应该比较一下，选择哪种最能满足需要。

（1）防水：双层帐篷内层透气不防水，可将水汽排出；外层防水。内外帐通常分开。

（2）强度：帐篷标注有"抗力相对系数"。表示帐篷支架抵御风雪的强度。

（3）重量：帐篷的重量与用途成正比，此外，还要考虑居住要求和气候要求，尽量选择轻且实用的。

（4）形状：隧道式和圆顶式设计的空间最大，营柱和拉绳的数量最少。

（5）体积：双人帐在重量和营地选择方面最具弹性。

（6）颜色：鲜艳的颜色能振奋心情，并在回程时容易识别。

（7）特色：帐篷的辅助设计，如拉链开启门，通风口和窗户、纱网防蚊虫等。

如果是旅游登山可以选择较便宜的帐篷，如果想去攀登雪线以上的山峰，就一定要买质量好的专业登山帐篷，这是能安全回家的保障。

（三）选择帐篷应注意的问题

（1）选择外帐应力求防水度高，可以用嘴吹一下面料，测试其透气性。一般来说，透气性差，防水度就高。

（2）选择内帐要求透气性好。

（3）选择帐杆力求强度高、回弹性好、轻便。

（4）选择底料要防水度高和耐磨。

（5）用于露营的帐篷最好是双层结构的。

（6）规格选择最好是带门棚的，或尺码稍大些。

（7）选择有顶窗、后窗，或者侧窗的帐篷会有利于通风。

（四）搭帐篷的方法

三角形帐篷：双层的三角形帐篷支搭起来比较复杂，步骤如下：

（1）将帐篷内帐平铺在地上，展平并沿底边钉上地钉。

（2）从帐篷内将两节支杆支起，套上隔离管，再套入横杆。

（3）罩上帐篷外帐并将外帐的拉钉打下，使全部外篷面绷直。

（4）将防雨小帽套进支杆端，套上抗风拉线，完成。

注意：三角形双层帐篷内外帐间有一空间，这个空间能起到防雨、保暖的作用。不要使内外层"粘"在一起。

圆顶形帐篷：圆顶形的帐篷支搭起来比较简单，步骤如下：

（1）将帐篷平铺在地上，钉上四角（有些是六角）的地钉，也可以绷上帐杆后再钉地钉。

（2）将两组（六角圆顶的为三组）帐杆接起来，如果帐杆是散件，则需要按使用说明书组合衔接起来。

（3）将帐杆穿进帐篷的支套内，两组杆的一端插入套孔内，两组杆的另一端同时用力绷起，绷紧后也插入另一个套孔内。提起帐篷抖成形即可平放在地上打地钉。有外套的可套上外套或小防雨罩。

冰雪地带设帐的注意事项：

（1）设帐前要挑选地点，做好准备工作，尽量选择平坦的地形。

（2）留意雪崩的路径、裂缝和雪檐。

（3）测定设帐地的风向和风势。

（4）地基够大且光滑平整，便于搭帐篷和活动。

（5）在帐门前挖掘约33厘米深的坑，便于进入帐篷和放炉具。

（6）如周围无遮掩，可砌1～2米高的雪墙挡风。

（7）雪铲可用来挖避难所，也可铲平帐篷地基。

（8）必备小扫把，清除靴子、背包、衣物、帐篷上的雪。

（9）可用海绵清理泼洒的汤汁或水，清除帐内的水汽。

（10）蜡烛或汽灯可陪伴度过长夜，振奋心情。

二、睡袋

睡袋在野营中的主要功能是保暖。其最主要的指标是温标，也叫舒适低温。舒适低温指外界气温降低到某一温度时，大多数人使用睡袋感到舒适，如果温度再降低，就会感觉寒冷。

（一）"舒适低温"在睡袋上的标识方法

（1）一种是标明一个绝对温度，如 –10 ℃，表明该睡袋的舒适低温是 –10 ℃。

（2）一种是标明温度范围，从红色过渡到绿色或蓝色，如红色从 5 ℃开始，到 0 ℃时过渡为淡绿色，在 –5 ℃时过渡为深绿色。这种温度表示的意义是：5 ℃偏暖，0 ℃适宜，–5 ℃时感觉很寒冷，这个睡袋的舒适低温是 0 ℃。舒适低温仅是一个相对概念，这个温度只具有参考意义。

（二）睡袋的选择标准

1. 填充物的种类、质地和重量

睡袋填充物主要有两种：羽绒和化纤棉。此外还有单层的抓绒睡袋。羽绒又分为鸭绒和鹅绒，同等条件下鹅绒的保暖程度稍高于鸭绒。

2. 内外面料

普通棉睡袋使用涤纶或尼龙材料，涤纶尼龙布又有密度和质地的差异。羽绒睡袋对内外材料的要求很高，最少要 250 T 以上密度的尼龙材料才保证防绒。很多国产尼龙布密度不够，不能防绒，生产商采用加涂层的办法防绒，这是很不科学的做法。因为羽绒睡袋的内外料需要有良好的透气性，否则散发的湿气会聚集在睡袋里面，使羽绒的保暖性大大降低。高织纯棉或涤棉也能防绒，但重量大，压缩性差，一般不用于高端睡袋。

3. 功能设计

（1）睡袋的外形：常见的睡袋有三种形状，木乃伊式、信封式和混合型。

（2）睡袋的其他功能设计：双拉头的拉链；拉链防夹带（拉链内侧一层薄而硬的 PP，防止拉链卡布）；拉链防风夹层（拉链内侧的棉质防风夹层，防止冷风从拉链进入）；胸领（或叫隔断领、收紧领），收紧后可防止冷空气从脖颈进入；

口袋；左右拉链的设计，同款型的睡袋分左右拉链，可以拼合成双人睡袋；睡袋的尺寸有 L，M，S（大中小）等不同号码，方便不同身高的人士选择。

4. 包装和辅配件

睡袋包装以牛津布压缩袋为最好，可大可小，结实耐用。睡袋的辅配件主要是拉链、扣子和绳子，一定要选择拉链质量可靠的睡袋。

（三）睡袋的常见款式

1. 木乃伊式

妈咪式这个名字音译于英文"MUMMY"，其实是"木乃伊"的意思，这种睡袋肩宽脚窄，肩部宽度一般 75～85 cm，脚部宽度 45～55 cm（图 3-26）。妈咪式睡袋是同样重量下能够达到最好保暖效果的睡袋形状，适合寒冷季节使用。妈咪式睡袋几乎就是专业睡袋的象征了。这是综合了重量、体积和更好的保温效果所采用的设计。一般在肩部以上有一个带松紧的头兜，防止头部的热量流失。一些优秀的品牌更在脚部设计了一个立体加厚的造型，使脚部的保暖更好，空间更为舒适。

图 3-26　木乃伊式睡袋

2. 信封式

信封式睡袋顾名思义，肩部和脚部一样宽，像个信封（图 3-27）。信封式睡袋几乎只应用在抓绒睡袋或款式简单的睡袋品种上，一般尺寸是 225 cm×80 cm，这样的睡袋比较宽松，适合夏暖季节和体形宽大的人士，因为它的肩部和脚部的造型不能有效防止身体热量的散失，还有一个很大的优点就是活动空间自由，适合睡觉不怎么安稳的人士。

图 3-27　信封式睡袋

3.混合型睡袋

混合型睡袋是前两者的结合，大部分是信封睡袋加上一个妈咪式的帽子。

现在国际流行的睡袋是小方帽，人体流线型（最宽的部位不在领口，而在肩肘部）。以前的大圆帽既增加重量，又不利于保暖。有人把这种新款睡袋称为"啤酒桶"，也有人把它称为"蚕茧式"，其实都是前两种睡袋的异化，它在设计上吸取了前两款睡袋的优点，摈弃了二者的不足，在携带及使用的舒适性上都有了较大的提高。

（四）如何提高睡袋的保暖程度

（1）配备一条质量较好的防潮垫，这一点非常重要，常野营的人都有体会，如果寒气从地下直达背部，那种寒冷是难以承受的。

（2）有条件的话睡前喝杯热饮料，牛奶、果汁都可以，使身体发热。

（3）睡袋保暖尤其重要的是要把领口扎严，以防止夜晚气温下降后，热量散失。

（4）穿一套长的保暖内衣和干净袜子会非常有效。

（5）当睡袋保暖程度不够时可以穿更多的衣服，或把衣服和其他物品覆盖在睡袋上。

（6）和更多的人挤用一个帐篷。

（7）在保障安全的情况下，在帐篷中点汽灯或炉子。

（8）生堆火。

（五）睡袋的保养方法

无论是羽绒睡袋或化纤棉睡袋，在长时间不使用的情况下，尽量以宽松自由的状态保存，以保持羽绒和棉的本性，延长使用寿命。尤其是羽绒睡袋，尽量保存在专用的羽绒睡袋存储袋里（宽松透气的棉质袋子）。睡袋作为贴身的卫生用品，尽量避免相互借用。

化纤棉睡袋和抓绒睡袋都可以直接洗涤，如果洗衣机够大的话也可以机洗。晾晒时尽量平铺或多处挂搭，以免过度下垂。羽绒睡袋的洗涤方法：根据羽绒专家的建议，羽绒睡袋4年左右清洗一次即可。使用寿命为10～12年，可清洗3次。如果不太脏，可简单擦拭，如用毛巾蘸汽油清洁表面材料即可。

户外运动中睡袋经常比较脏，需增加清洗次数。清洗方法如下：手洗或专业机洗。手洗用专用的羽绒洗涤剂浸泡，漂洗干净即可，不要过分揉搓，不要拧绞。如果想机洗，要交给专业的洗涤公司。清洗后风干或晾干，确认干燥后轻轻拍打，待其自然膨胀后存入睡袋存储袋。

羽绒睡袋洗涤忌用碱性洗涤剂，忌拧绞，忌火烤烘干。羽绒睡袋可和棉质的睡袋内衬共用，以减少洗涤机会，同时棉质睡袋内衬有帮助吸汗的作用。

（六）登山睡眠的注意事项

（1）须使用较厚的睡袋和外套袋，增加保暖效果。

（2）睡袋内放入挡住水汽的里衬可提高睡袋温度。

（3）睡觉时不穿吸水的衣物，穿化纤内衣很方便。

（4）一定要将绝缘垫放在睡袋下，可隔绝地面防止吸收身体热量。

三、雪洞

挖雪洞是登山必备技术，其保护性、舒适性、隔离性和内部温度都强于帐篷。如果要停留数夜或无法搭帐篷时，挖雪洞是相当实用的选择。挖掘雪洞应注意以下问题。

（1）雪要有一定深度，通常2～3米深。

（2）了解身处之地是不是雪崩区或迎风口，充分考虑安全。

（3）尽量寻找短的陡坡，这样挖掘比挖平坡容易。

（4）挖洞时保持适度的速度和衣物干燥，避免过度流汗。

四、炉具

选择炉具时，要考虑炉子和燃料的重量以及是否容易获得。燃气炉重量轻，安装简单，是登山旅程不可或缺的用具。

（一）微型炉

重量极轻，以丁烷丙烷的混合物为燃料。0 ℃以下时不能使用，仅适用于小型的盘子和锅。

（二）多燃料炉

燃料为白汽油、煤油、航空燃料，是当前最流行的炉子。

（三）无压炉

以工业酒精为燃料，有一个防风罩。无压炉非常稳固，不容易坏，能同时充当底锅。

五、燃料及水

燃料瓶与水瓶应便于区分，防止因混淆而发生危险。确保燃料瓶不会泄漏，因为泄漏出的燃料会污染食物、损坏衣物和其他物品。主要包括白汽油、煤油、丁烷、异丁烷、固体燃料。

水对登山者非常重要，新陈代谢控制体温和排泄都需要水，攀登过程中，需要摄取大量水分，不然很容易造成脱水。因此蓄水装备的优劣与登山者的生命息息相关。蓄水装备包括硬质水壶和塑料水袋。军用水壶、不锈钢壶、塑料水壶、真空杯、铝合金水壶属于硬质水壶，水袋、皮囊、压缩水桶属于塑料水袋。

在雪线以上的营地之中，最可靠的水源是用炉具融雪饮用，但取雪应远离如厕和清洗地点，要确认每位队员都熟记这两个地点。把雪捏成锅具大小的雪块，非常方便。晚间融雪，应多融一些，以备夜间补水之用。

六、帐内煮食的原则

（1）炉具必须放在稳定的地面上，避免接触帐篷底或雪地，慎防打翻。

（2）可用一块三夹板裹以铝箔，做成反射平面，做炉具的垫子。

（3）绝对要在帐篷外点燃炉具，燃烧顺利后再拿进帐篷。

（4）只能在入口或玄关处煮食，发生意外可立即丢出帐篷。

（5）保持帐内通风，以免一氧化碳中毒。

七、食物的规划

登山运动是一种野外活动，虽然不能带很多食物，但合理的营养搭配和营养补充非常重要。以下是一些有关登山的营养提示。

（1）携带牛肉干、巧克力等高热量营养食品以备不时之需。

（2）携带维生素合成药片，每日一颗。

（3）果珍冲剂是不错的电解质平衡饮料。

（4）随身装几块水果糖，在饥饿和极度疲劳时用得上。

（5）行军路线长，要在食物中补充足够的维生素和蛋白质。

（6）在高海拔地区，特别是刚上升到一个新的海拔时，当天的晚餐需要吃得清淡。

（7）高原上不能食用过多的辛辣、盐分大的食品。

第三节　技术装备

在登山运动中，大自然的各种不利因素都构成了对登山者的威胁。从这项运动产生之日起，人们就开始在不断地研制生产各种为攀登者提供安全保障和便于开展运动的装备和器械。

技术装备主要分为攀岩、攀冰和保护性装备，这些装备可以使登山者在遇到各种复杂地貌时发挥作用。

一、攀岩技术装备

攀岩具有一定危险性，其技术装备主要包括登山绳、铁锁、绳套、保护器、上升器、下降器等。因为所有这些装备都关系到攀登者的生命安全，在选择和购买时必须考虑其质量、用途、性能等因素。

一般来说，有国际攀登联合会（UIAA）认证标记或欧洲标准委员会（CEN）认证标记的都能保证安全。UIAA 是制订登山装备标准的国际权威机构，CEN 则是欧洲地区负责设计与维持设备标准的机构。

此外还包括辅助性装备，主要有攀岩鞋、镁粉、粉袋等。

（一）登山绳

早期的攀岩者使用天然纤维（马尼拉麻和琼麻）制成的绳索，但此类绳索在严重坠落的情况下无法支撑。在第二次世界大战期间出现的尼龙绳质轻而强韧，可以承受超过 2 000 千克的重量。尼龙绳的弹性特色更是保护坠落的攀登者非常重要的因素。攀岩者坠落时，尼龙绳会伸展分散大部分的冲击力，减轻坠落的力量，缓冲突然停止或剧烈摇晃。

过去的尼龙绳是"搓"成或"捻"成的。许多尼龙细线捻成三四股主绺线，再搓成一条绳子。搓制的尼龙绳逐渐被专门为攀登所设计的编织绳所取代。现在的编织绳中间的绳芯是平行并列或编成辫状的尼龙丝，外层覆以平滑编成的尼龙皮。编织绳保留了尼龙绳的优点，却没有搓制尼龙绳的缺点——粗硬、摩擦力过大、弹性太强。编织绳是目前唯一获得国际攀登联合会（UIAA）以及欧洲标准委员会（CEN）检验合格的登山绳。

1. 登山绳的种类

登山绳的尺寸、长度和特色种类繁多。登山绳上必须有制造商标、UIAA 或 CEN 的级数，并详细说明如长度、直径、延展、冲击力道、坠落级数等。由于评级机构皆来自欧洲地区，所以全球的绳索度量标准为公制。

（1）弹性绳。为攀登所设计的尼龙绳称作弹性绳。弹性绳的冲击力道较低，因为它在坠落时会伸展。在选择登山绳时，最重要的考虑项目之一便是冲击力——通常越低越好。使用一条冲击力低的绳子表示攀登者在坠落时不会遽然停住，而传导到坠落者、确保者与固定点的冲击力也会减低。

长久以来，休闲攀登用标准绳的规格是直径 11 毫米，50 米长，延展性为 8 或 7。近年来，60 米或 70 米长的绳子也愈来愈受欢迎。还有其他许多不同直径的绳子可供选择，因使用者的用途而异。

直径较小的弹性绳（小至约 8 厘米）通常成对用于双绳或半绳系统。此类直径较小的绳索系统利用两条绳子的弹性来保护攀登者，而且务必成对使用。

（2）静力绳。不同于弹性绳，静力绳、尼龙绳环与细绳并无延展性，因此甚至连几米的坠落都可能会产生严重的冲击力，造成固定点失效或是攀登者严重受伤。

无延展性或延展性极低的绳索并非用于保护先锋攀登者，它的用途包括洞穴探险、搜救、作为远征攀登的固定绳或人工攀登的吊拉绳等。

2. 登山绳的颜色

绳皮的图案与颜色也各不相同。有些绳子的中间点会呈现对比色彩，让攀登者容易找到绳中。有些会把绳尾染成鲜明的颜色，便于攀岩者在确保或垂降时易于看清绳索尽头将至。当同时使用两条绳子时，采用两种不同颜色的绳子可以在确保或垂降时易于辨认。

3. 登山绳的防水处理

绳子湿了之后，除了很重、不好抓握外，还可能因结冰而不听使唤。湿绳能承受的坠落次数较少，强度也比干燥时少了30%。

绳索制造商在某些绳子上会采用硅树脂处理或含氟合成树脂处理的外层，使这些绳子更加防水，从而在潮湿的环境下可以更强韧。经过此类"干绳"处理后，不但可以提高绳子的耐磨性，也可以减少绳子穿过钩环时的摩擦力。经过防水处理的绳子价格通常比一般绳子贵15%～20%。

4. 登山绳的保养

绳子乃攀登者生命之所系，务必细心呵护。

（1）避免损伤登山绳。踩在绳子上是最常见的伤害，此举会把锐利的细小微粒踩入绳皮。久而久之，这些细小颗粒会像小刀一样不断地割磨绳子的尼龙纤维。穿着冰爪时更应留心避开绳子，因为一不小心踩到就会损伤绳子，很有可能会已伤害绳芯，但绳皮却看不出痕迹。不要让绳子接触可能会造成损伤的化学物质或其他化合物。

在使用绳子时，应注意保护绳子。在攀登线路时脱落或下降后，应在重新攀登前让绳子休息几分钟，这几分钟能让绳子恢复一些弹性和承受压力的性能。当绳子与安全带打结系紧时同样吸收能量，所以应该养成习惯，不用时将它松开，使其得到充分休养。每一次降落到地面时，再把它扣回原处，或者用劲甩动末端的绳子，不让绳子缠在一起。

（2）清洗与晾干。遵照制造商的建议保养绳子。一般来讲，应经常以温水与温和的肥皂清洗绳子。绳子可以放在浴缸里用手洗，或用滚筒洗衣机洗（绳子可能会缠住上开式洗衣机的洗衣轴）。在干净的水中漂洗几次后晾干，不可直接曝晒于阳光下。

（3）储藏。储藏时绳子务必完全干燥。解开所有的结，松松地盘起来，存放于干爽的地方，远离阳光曝晒、热源、化学物质、石化产品与酸性物质。

（4）汰旧换新。检视绳皮以评估绳况。时常检查绳子，尤其是在坠落之后，确认绳皮是干净的，没有磨损或变软的地方，绳子尾端熔接完整且没有磨损或散开。若被冰爪刺伤、磨损过度、被岩面或锐角切割，使绳皮看起来烂烂的，绳子的强度可能就会大打折扣。

绳皮若无明显的软化点或是斑痕，很难决定是否该汰旧换新绳。影响绳况的因素很多，包括使用频率、保养的方式、承受过多少次坠落以及绳龄。

在一次严重坠落后淘汰那条绳子可能会是明智的决定，尤其当绳子某些部分变得软软的或平平的时候。一条通过认证的新绳虽可承受 5 次 UIAA 等级的坠落，但考虑是否汰换新绳时，仍需把绳子用过的历史与其他会影响绳况的因素同时加以评估。

绳子长时间使用后，应注意绳子的安全性。判断绳子寿命最简单的方法如下。

①室内训练攀登绳，大约几个星期。

②每个星期数次攀登，2～6 个月。

③一星期用一次，大约用 2 年。

④偶尔用，可用 4 年。

⑤当绳子已经变硬，或局部区域（一般会出现在常使用的一端）有变软或变扁的现象、表皮损坏就应该换掉。此外，如果对攀登的绳子有任何疑问（觉得绳子可能不牢靠或不放心或看不顺眼），干脆换掉。

⑥当绳子的任一端变得毛糙，就剪掉这一节并继续使用，但应记住：这短了一截的绳子看起来像新的，可它与被截掉的部分一样已经承受多次下降的考验。所以使用起来一定要谨慎，同时确保它在线路上放下时仍足够长。

5. 盘绳

携带或存放绳子时，通常会把绳子盘起，最常用的是登山者绳盘或蝴蝶绳盘。

（1）登山者绳盘。当绳子放在背包上携带时适用此种盘绳法。盘起绳子，在一边绳尾留下数十厘米，反折另一端绳尾，将较长的那端绳尾穿过绳盘，之后重复缠绕绳盘，以固定住反折的绳尾。之后将此绳端穿过反折绳尾的小圈，然后用此绳端跟小圈打个平结。

（2）蝴蝶绳盘。此法盘绳通常快些，不会纠结绳子，若没背背包，也可舒适地绑在身上。盘起绳子，两端绳尾留长，屈起绳盘呈马鞍状。抓住两个绳端，同时缠绕绳盘中段数次。折起绳端成小圈，并抓住小圈穿过绳盘上方的大圈，这个小圈要留得够大。然后抓住剩下的绳端穿过这个小圈，整个绳端必须完全穿过。若要把蝴蝶绳盘绑在身上，先把绳盘放在背后，将两端绳尾各自绕过一边肩膀，然后绕到背后交错于绳盘上，再绕过腰部回身体前端绑紧。

不论使用哪种盘绳法，在使用绳子前要小心解开，这样可以避免绳子乱成一团。不要把绳盘往地上一丢，就开始扯开绳端，这样可能会揪成一团。先解开系紧绳子的结，然后顺势解开绳盘，一次一圈地松开，把绳子堆成一堆，这个程序称作抽丝剥茧法。每次确保前小心地解开绳盘是个好习惯；免得在确保时突然跑出个绳结或是绳子纠缠在一起。

6. 绳袋和防水布

绳带和防水布是盘绳的替代物品。两者都可以在运送途中保护绳子。摊开的防水布可以避免绳子接触地面。绳袋和防水布虽然增加了重量与成本，但在某些情况下它们是很重要的，如运动攀登。

（二）安全带

安全带主要是为攀登者和保护者提供一种舒适、安全的装备。安全带分为可调式和不可调式。可调式安全带适用于登山、攀冰、攀岩场所；不可调式的安全带是个人攀岩专用。好的安全带应合适、舒服、牢固且易穿戴。选择安全带应考虑个人体形或体重，选用相配的型号。因为安全带式样不同，安全带的系配方法也相应不同。为了安全，使用安全带之前应认真阅读使用说明书，按照说明书的方法去做。系好后检查两遍方可开始运动，如有问题立即告诉同伴。

每次使用安全带时，应对安全带的安全性能进行检查，尤其是长时间使用安全带，造成安全带磨损时更要注意。一旦发现安全带上的保护环套起毛或断裂，就不应再用它。安全带与主绳一样，关系着自己的生命。在使用安全带时应保管好，避免灰尘、曝晒、脚踏等。

1. 坐式安全带

坐式安全带的腿环可以调整成适当的大小，舒适地固定在臀骨上，并将坠落的冲击力分散到整个骨盆。垂降时它则像个舒适的座椅（图 3-28）。

图 3-28　坐式安全带

2. 制式安全带

有几项要求是登山用制式坐式安全带特别注重的：不论穿多少层衣物，可调式腿环都能调整到舒适的贴合程度；腰带与腿环皆附有衬垫以提高舒适度，特别是需要吊在空中一段时间时；腿环可松开，可以在想上厕所时不需脱下吊带，甚至不需解开绳子；腰带的扣锁偏在一侧，因此在确保或垂降时，它不会跟连接吊带的绳结或有锁钩环卡在一起；装备吊环可供携带钩环或其他攀登器械之用。

购买安全带前，需试穿以确定攀登衣物是否合身。市面上安全带的种类繁多，大部分的安全带需要将腰带二度回拉穿入扣锁，以确保安全。确定腰带在二度穿过扣锁后仍留有至少 5 ～ 7.5 厘米的长度。

3. 胸式安全带

胸式安全带可以在坠落之后以及使用普鲁士结或器械攀绳而上时，保持身体直立。坠落之后，只需要用钩环将登山绳扣住胸式吊带，即可提供稳定度并保持直立。胸式吊带会将坠落的力量部分传导到胸部，但胸部较骨盆（坐式安全带将力量传导至此）容易受到伤害。因此，在攀岩或一般攀登时，通常不会把绳子扣入胸式吊带。在冰河行进时偶尔会将绳子扣入胸式吊带，但一些攀登者通常不会这么做，除非是真的掉入冰河裂隙（图 3-29）。

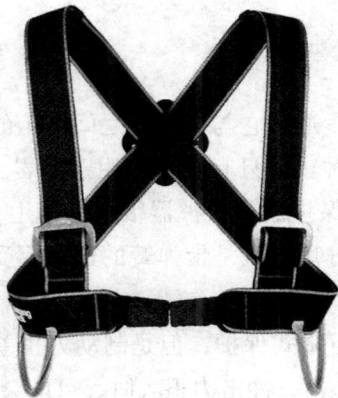

图 3-29　胸式安全带

4. 全身安全带

完整的全身安全带包含胸式安全带与坐式安全带，连接绳子的点也较高，这可以减低坠落时身体往后倾斜的概率。由于全身吊带可将坠落的冲击力分散到身体躯干，因此不易造成下背部的伤害。全身安全带较为安全，它可以防止登山者落进裂缝里被倒挂在空中（图 3-30）。

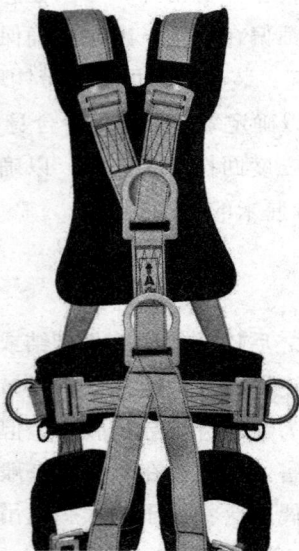

图 3-30　全身安全带

（三）保护器

在保护和下降过程中，通过它与保护绳之间产生的摩擦力来减少操作者所需要的握力。保护器有很多种，但只有几种适用于攀岩。常见比较好的保护器有 8 字环、管状保护器和自动保护器。保护器很容易锁上，有的有弹簧，有的没有，如果用熟了，两种都会很好用。但是带弹簧的这种更受青睐，因为当绳子快速滑过时它不会突然卡住。

8 字环一般是用来做下降式保护，但是制动力稍差，所以有些人不用它保护先锋攀登者，因为长距离坠落，冲击力很大时，可能会造成保护者无法有效制动，甚至因摩擦力太大灼伤手而放开绳子，后果不堪设想。要增加其制动力的保护方式，应该将绳索穿过 8 字环中较小的那个环，然后再连接绳索至保险铁锁。在购买 8 字环之前必须先检查该保护器。某些 8 字环是用于绕绳下降的，它的洞眼对于保护来说不是太大就是太小。

PETZL 牌的固伊固伊保护器成为保护器中的首选，其工作方式类似于套绳器，由旋转凸轮卡住绳子，使用非常方便。该保护器最主要的优点是可以不费力地保护攀岩者，即使是被保护的队员发生意外也能立即保护他。但是，如果装绳方向或制动错误，会导致队员摔到地上。选购时要认真阅读所有说明书，请熟悉其使用的人给予解释和指导会更好。

保护器可粗略分为三类：低摩擦保护器、高摩擦保护器和自锁型保护器，图3-31从左至右依次为低摩擦保护器、高摩擦保护器、自锁型保护器。多用途自锁保护器则是另外一个子类。这些术语表明了它们各自在操控绳索和抓握力上面的特性。

图 3-31　保护器

低摩擦保护器通常由一个上面打有两个大直径孔槽的杯状物或金属管构成，绳索从槽里穿过。这种保护器产生的制动力较小，因此在使用直径小于10毫米的绳索时，就会显得很"滑"，但在有经验的保护者手中就很安全，所以需要一些练习以便安全地控制脱落。在雪或冰壁上设置保护点，或是岩壁上的保护点不像预期的那么牢靠时，低摩擦保护器的作用就会显现出来。由于这类保护器在冲击力较大时会自动让绳子滑出一部分距离，形成动态保护，所以就能减少保护点的承重，让整个系统逐步吸收冲坠的能量。另外，在领攀者脱落时，如果保护点的位置设置得不好，冲击载荷有可能使其失效，这时低摩擦保护器也能形成动态保护，减少保护点的承重力，从而降低保护点失效的可能性。

第二类是高摩擦保护器，在每个穿绳的孔槽一侧都有一个凹槽，这个凹槽能够在攀登者下降或滑落的时候给抓住绳子制动端的那只手提供额外的摩擦力。凹槽上刻有帮助制动的棱纹。这种保护器的好处在于如果把它翻过来，不使用控制凹槽，就可以当成低摩擦保护器使用，这在使用粗绳或者绳索开始冻结的时候很管用。

自锁型保护器是指在滑坠或下降时能够自动抓住绳索的保护器，可以进一步分为主动自锁和被动自锁两类。主动自锁保护器通常包括能够旋转的凸轮，承重时的运动方式有点类似于汽车的安全带系统，当绳索承受攀登者体重的时候，就会在保护器处带动凸轮旋转，压迫绳索形成足够的摩擦力，起到自锁作用。需要给绳的时候，推动装置外侧的杠杆，使凸轮离开绳索就可以了。这类装置在运动攀岩中经常使用，因为保护点和膨胀螺栓的力量都很强，一般不需要动态保护。

被动自锁保护器则没有移动部件，只靠绳子本身的摩擦力自锁，其原理一般是让绳子的承重端压迫非承重端，形成足够的摩擦力。这种保护器很适合攀岩教练使用，可以同时用两股绳子分别保护两个人跟攀，但它在承重锁紧后很难放松，在跟攀者有可能不得不让绳子承受自身体重时，就不应使用这种保护器。

（四）铁锁

铁锁用途广泛，是必不可缺的攀岩装备之一。铁锁是用来连接各种攀岩安全带的扣环或在保护系统中作刚性连接。没有了铁锁，安全带、绳子、保护器、8字环、快挂、挂片等保护装置将不能很好使用。根据不同情况，需要不同的铁锁。为了能够正确地选择和使用，必须了解各种类型的铁锁。每个铁锁都有一个开口，以便纳入绳子。

1.铁锁的形状与款式

（1）O形铁锁非常受欢迎，形状对称，用途极广（图3-32）。

图3-32　O形铁锁

（2）D形铁锁开口较大，容易扣入。D形铁锁通常用于较困难的攀登路线，因为攀登者必须凭手触摸找到开口处，并迅速地扣入或解开。D形铁锁必须与带环一起使用，才可以很容易地翻转（图3-33）。

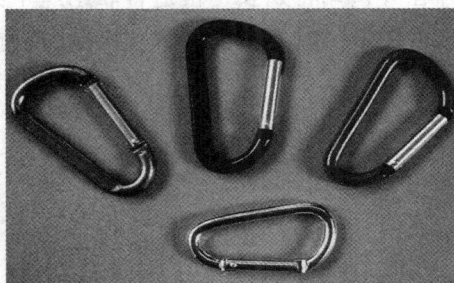

图 3-33　D 形铁锁

（3）铁线闸口铁锁重量较轻，开口稳固。当绳子很快地穿过铁锁时开口处可能颤动，铁线闸口铁锁不易产生此问题（图 3-34）。

图 3-34　铁线闸口铁锁

（4）有锁钩环在开口的一端附有锁套，可旋紧，减少开口意外开启的可能性，增添了垂降时确保或扣入固定点时的安全性。某些有锁铁锁内含弹簧，开口一闭合，锁套便自动扣上。不过，不论铁锁是否具有自动锁上的功能，每次都须检查铁锁是否已正确锁上（图 3-35）。

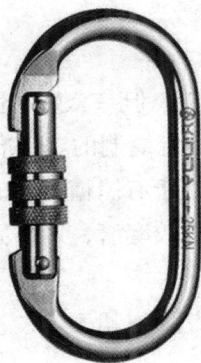

图 3-35　有锁钩环

（5）梨形有锁钩环在开口端特别长，很适合联结绳子与安全带（图3-36）。虽然梨形有锁钩环较贵也较重，但却易于装卸与控制连接在吊带确保点的绳子、绳结、细绳与带环。

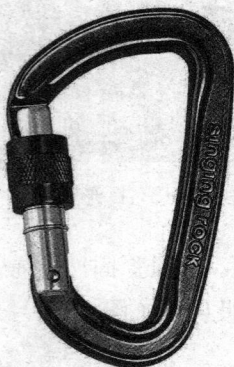

图3-36　梨形有锁钩环

有些铁锁的横切面不是圆形，而是椭圆形、T形、十字形或楔形，目的在于减轻重量。

2. 铁锁的基本使用原则与保养注意事项

（1）确定铁锁的受力端在铁锁的长轴，尤其是开口端不应受力。

（2）经常检查铁锁的开口端。即使铁锁在受力状态下，开口仍应容易开启，而且开启的开口两边应坚实不变形。

（3）保险螺丝锁必须将丝扣拧紧，若铁锁的开口附近有损坏，立即停止使用。

（4）尽量避免坠落，若坠落高度超过8米，并撞击到硬物应停止使用。

（五）快挂

竞技攀岩并不需要太多的铁锁，但一套好的快挂却非常关键。使用的快挂最好是专门厂家生产的，不能使用自己缝制的。标准快挂的长度一般为10.16厘米，并多用于卡住螺栓。长快挂一般用于有屋檐角度的岩壁或横越距离较大时，以承受绳子的拉力。快挂上附带一个橡胶套管，用来固定底端铁锁，防止其扣上时随意翻转（图3-37）。

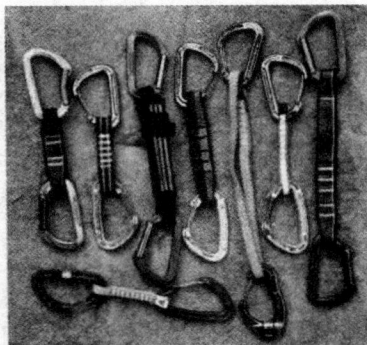

图 3-37　快挂

用一个 D 形铁锁连接顶端的挂片和一个弯门 D 形铁锁连接绳子。D 形铁锁轻
且坚固，弯门 D 形铁锁的曲柄使穿绳子可很快完成。不要用弯门 D 形铁锁直接连
接挂片，因为这样可能扣不上去。也不要用超轻型铁锁，尽管它能使装备变轻变
少，但它的薄边会划伤甚至钩坏绳子。最好使用由铝制成的、直径和重量都稍大
的铁锁，这样绳子比较容易穿过铁锁，且锁得非常紧。使用时间长后应注意检查，
并把粘得很紧的螺栓和挂片拆卸下来。

（六）镁粉及粉袋

镁粉的使用主要是在室内攀岩，它们的成分是碳酸镁粉末，以防手出汗时出
现手滑现象或吸收岩壁表面的水分，以增大摩擦力。为了较方便使用，镁粉一般
存放在粉袋里，粉袋系在安全带上，在攀登难度大的岩壁或路线时极有用。为保
证场馆的空气质量，最好使用镁粉球——一种多孔的装有镁粉的小包，是很多攀
岩训练馆必备的东西，否则太多攀岩者用镁粉时，镁粉会像雪花一样四处飘扬。
在室外攀岩时，很多攀岩者发现镁粉球不太好用，而更喜欢把手伸进镁粉袋，使
手上很快沾满粉末，用镁粉球则需要用手揉捏，较麻烦。

（七）螺栓

现代竞技攀岩一般用直径为 0.95 ～ 1.27 厘米的膨胀螺栓，这是一种拉起式螺
栓，也是现有最好的岩石作业用的螺栓之一。用工具对螺栓头加力时，能将螺栓
伸进螺套中，它有足够的承受力（0.95 厘米的螺栓可承受 3 583 千克的力），适合
于各种岩石表面，安装容易、简便而且牢固，是螺栓中的首选。

（八）挂片

随着竞技攀岩的迅速流行，出现了大量新式螺栓挂片，从初级的、手工制作的到光滑而结实的专用挂片都有。任何一种专用挂片都应适应某种特殊需要，而手工制作的则未必。铝制的挂片，在反复承受大力下降时需要特别留意，因为这种柔软材料很容易弯曲和劳损。经常使用者应该注意挂片上是否有裂痕或变形。钛或不锈钢是制作挂片的最佳材料。

（九）带环

由伞带或细绳打成的绳圈称为带环，这是最简单且最有用的攀登器材之一。带环是攀登系统中关键的联结工具。标准带环长 1.7 米；中带环长 2.9 米；长带环长 4.6 米。攀岩初学者一般约需要六条标准带环、两条中带环与一条长带环。

为了能很快辨别带环的长度，标准带环、中带环与长带环最好使用三种不同颜色的伞带。可以在自制带环的结尾端写上自己名字的缩写与制作日期，这样除了方便识别带环外，也能帮助判断何时需淘汰，带环需要定期更新。

千万要记住带环与其他辅助绳并不具有延展性。如果没有配合弹性绳使用，即使只是数十厘米的坠落亦可能对确保系统与攀登者带来严重伤害。

（1）缝制带环：可以在登山用品专卖店购买高强度、已缝好的带环。缝制带环有多种长度可供选择：5 厘米、10 厘米、30 厘米（中长）与 60 厘米（全长）。有些带环已经事先缝成快扣，通常约 10 厘米长，两端各连接一个钩环。带环也有不同的宽度，最常见的是 1.5 厘米、1.7 厘米与 2.5 厘米。使用丝贝纤维（一种高效能纤维，更强韧、耐久，且不易受到紫外线的伤害而老化）制成的带环通常为1.5 厘米宽的伞带。缝制带环一般说来较为强韧、较轻，也不像自制带环那么庞大，但无法像自制带环一样可将绳结解开。

（2）自制带环：带环也可以自制，利用 1.5～2.5 厘米宽的伞带或 8～9 厘米的合成纤维辅助绳结成绳圈。自制带环成本较低廉，且可解开以环绕树干或天然岩楔（如岩隙中稳固的岩石），或是将两条带环解开结成一条较长的带环。

（十）头盔

头盔（图 3-38）能保护头部，避免被落石或上方攀登者掉下来的器械砸到；头盔也可以在许多可能会突然撞到坚硬岩面或冰面的情况下保护头部，如坠落地面，或者突然向前移动而撞到突出的锐利石头。不过，没有一顶头盔是万能的。

新型的头盔重量轻、通风良好。购买具有 UIAA/CEN 标记的头盔，可以确保最低的防撞标准。外壳的材质可能是塑胶、玻璃纤维或碳纤维。悬架系统可以由带子组成，受到撞击时可避免头盔接触头部；或是内部为聚苯乙烯材质，受到严重撞击时会因吸收外力而碎裂。无论是何种头盔，在受到严重撞击后最好将之淘汰。选择一顶大小合适的头盔，不论是否戴头巾或套头露脸帽皆能调整头带大小。头骨大小与形状因人而异，所以头盔合适与否应视个人而定。头盔要戴正，而非向后倾斜，如此才能保护前额与头顶。

图 3-38　头盔

（十一）岩锥

岩锥是金属做的钉子，在攀登的时候可以敲进岩缝做成一固定点，有以下几种：①固定—卡挤型；②固定—转向力型；③弹压—卡挤型；④弹压—转向力型。

（十二）上升器

在单绳技术中解决向上运动的装备，分左右手握两种方式，适应于不同用手习惯的攀登者（图3-39）。操作方法可阅读说明书。

图 3-39　上升器

（十三）刷子

大多数镁粉袋的边缘都有缝制在一起的小套管，以便连接一把小尼龙毛刷，主要用来刷干净被镁粉裹住的支点。一把牙刷就行，最好是一把稍大的尼龙刷。在自然岩壁上，用来处理铁锈的线刷，也很适合刷去地衣、苔藓和松动的沙砾，缺点是刷子会划伤松软的岩石，并且在花岗岩和石灰岩上留下灰色、金属丝的划痕，使支点变得比原来更滑。

（十四）绷带

一卷2.54厘米宽的运动型绷带是所有攀岩者必备的护具，选择品牌的绷带强度要高，不要用塑料或防水的绷带，容易汗湿而且不牢靠。最常见的是用绷带保护疼痛的手指或关节，从第二指关节往上下任一方向包裹手指，它还可以用于保护擦伤或破皮的指尖。攀登裂缝时能保护手掌，加强指节肌腱的承受力，避免受伤。

（十五）保护垫

经常进行攀岩的人，长期以来都会使用一小块保护垫，放在平地上作为攀登的起点。很多保护垫是由厚泡沫制成的，在下降或脱落时可起减震和保护作用。这种保护垫也同样适用于难度高的竞技攀岩，可以在做危险动作——在空中翻转时起减震作用。在恶劣的下降中这些垫子也许不能起多大作用，但从低处下降，跳下不平坦的地面时，它们却能极大地减少脚后跟和脚踝扭伤的危险。

（十六）岩塞

岩塞形状各异，大小不一，攀登者对其也是各有偏好。

岩塞是大多数攀登者的必备装备，尽管体积小，却是攀登安全链上的重要一环。岩塞的头部是一块可大可小的金属块，通常用钢缆穿制成型。它们看起来简单，却是非常重要的技术装备。岩塞在严格的生产标准下制造而成，具有很强的承重力，能够反复多次承受脱落的攀登者的重量。

岩塞的规格从几毫米宽到2厘米宽不等，拉力级别从微型岩塞的2 000牛到最大号岩塞的12 000牛不等。

许多攀岩者认为，准备两套岩塞，从1号到10号每种两个，就能应付所有的需要。对于这两套岩塞，他们经常会选择不同厂家的产品，形状有所差别，使用起来也更灵活多变。冬季攀登者和登山者往往不会携带那么多岩塞——运动攀登者只有在某些地方找不到应该有的挂片时才会用到它，其余时候则根本不用。

1. 微型岩塞

微型岩塞在很多类型的攀登中都能用上，在一些裂缝非常狭窄的路线上，只有微型岩塞能够提供保护（图3-40）。

图3-40　微型岩塞

攀登者往往会依据个人喜好选择携带岩塞的方式。把整整两套（20个或者更多）岩塞挂在一把铁锁上携带起来恐怕会非常吃力，很有可能爬到半途整个铁锁连带着岩塞都掉下去了。要想避免这样的惨剧发生，不妨把岩塞分别挂在两把甚至更多的铁锁上。1～5号挂在一把锁上，6～10号挂在另一把锁上。也有许多攀登者倾向于把一套岩塞都挂在一把锁上，即使这把锁掉了，手边还会剩下一整套。如果要带的岩塞非常多，不妨把微型岩塞和1号岩塞挂在一把锁上，2～6号挂在第二把锁上，7～10号挂在第三把锁上。

2. 穿绳岩塞

穿绳岩塞是对所有用辅绳或扁带套穿制的岩塞的统称。建议保护装备在规格大小上有一个有条理的递进，微型岩塞在前，大的在后。

3. 机械塞

全称弹簧机械塞（图3-41），小到12毫米，大到150毫米，甚至更大。这些非常有用的装备可以放置在两侧平行的岩缝中，在小岩坑和凹槽中也很好用，甚至还能用在外宽内窄的裂缝里。

图 3-41　机械塞

机械塞可以按照塞柄的软硬分为两类。软柄的机械塞可放置范围比较大，因此为大多数人所青睐。例如，遇到水平的岩缝和岩坑，硬柄的机械塞就没那么好用。

按照凸轮的个数，机械塞又分为三轮和四轮两种，用后者的人比较多。三轮机械塞的优点在于它比较窄，可以放在比较小的岩缝和岩坑里。现在的小号机械塞大多采用三轮结构，中号和大号则采用四轮结构。

一些机械塞需要在上面扣一把快挂，另一些则事先已有缝好的扁带套连接，这都依据个人喜好决定。还有一些机械塞，上面的扁带方便延长，便于将塞子放置在较远的地方。

4. 岩塞钩

这种工具可谓无价之宝，花钱买这么一件装备可以说是物超所值了。岩塞钩的一边是钩子，另外一端是挂锁或挂绳的洞。岩塞钩用来撬动难以拔出的岩塞或其他保护器材，攀登中一般由跟攀者携带，领攀者有时也会用它把扁带从恼人的裂缝中拉出来，清理岩缝中的泥土和碎石，或是拔掉放置得不太贴合的岩塞。岩塞钩在多段攀登路线中，特别在山上是个得力的工具。

二、冰雪攀登的技术装备

冰斧、冰爪和冰镐是冰雪攀登的最基本的装备。熊掌鞋、滑雪板与滑雪杖也是重要的辅助工具。

（一）冰斧

冰斧是用途最广、最重要的登山装备之一。只要冰斧在手，并具备使用它的技巧，各种冰雪地形都可以放胆去探究，去享受不同季节中多样化的山岳景观。

冰斧是一种本质简单、用途广泛的工具。在雪线以下，冰斧可以当登山杖用，也可以在下坡时帮助制动。不过，冰斧最主要的功能还是在冰地和雪地上行走，登山者可以借助它来维持平衡，或提供安全点以防跌倒，并在滑落时停止继续下滑。

挑选冰斧时，要在不同的功能与特色间做出取舍。长冰斧适合越野行走和爬行，可以在一些情况下作为手杖，在角度低缓的攀登中提供安全保护。然而，遇到陡坡时，短冰斧就比长冰斧适用了。而特地为冰攀设计的冰斧，其握柄更短，而且具有特殊的设计，包括鹤嘴与扁头的形状以及锯齿的设置等。

重量也是一项考虑的因素。虽然登山装备多半"越轻越好"，但也不能一概而论。有些重量极轻、专门为了山岳滑雪或雪地健行所设计的冰斧并不能满足一般的登山需求。在 CEN 的标准规格里，一般登山用的冰斧级数为 B；而专业用的技术性冰斧通常较重（价格也较贵），其 CEN 级数为 T。

1. 冰斧的组件

（1）头部：冰斧的头部包括鹤嘴和扁头，通常是由铁合金制成的。冰斧头部上的小孔称为钩环孔，登山者多半将腕带穿过这个孔套在手腕上（图 3-42）。

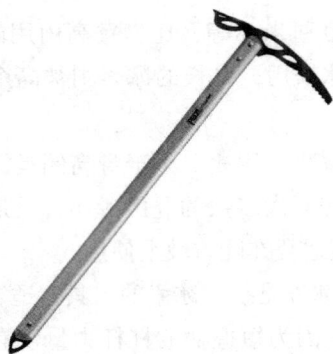

图 3-42　冰斧的组件

（2）鹤嘴：鹤嘴多半呈弯曲或下垂状，这种设计有利于在雪地或冰地里做钩紧的动作，在跌倒时用冰斧钩住，可防止继续滑落（滑落制动）。一般登山用的冰斧鹤嘴和握柄之间的角度通常介于 65° ～ 70° 之间，如果角度更加尖锐，介于 55° ～ 60° 之间，则较适于专业的技术冰攀；角度愈小的鹤嘴愈能攀住冰和雪，因为挥动冰斧，想将它砍入陡峭冰壁时，这种角度刚好符合冰斧头部的拱形角度。鹤嘴上面的锯齿可紧紧攫住冰和硬雪。一般登山用的冰斧通常只有几个锯齿，位于鹤嘴末端，而技术冰攀用的冰斧则是整个鹤嘴都布满锯齿。

（3）扁头：扁头的主要功能是在硬雪地或冰地上砍出步阶。当登山者做自我确保的动作时，扁头的扁顶也可充作手掌握住冰斧时的一个稳固与舒适的平台。大部分登山用的冰斧扁头都相对较为扁平、边缘平整且角端尖锐，适合用来砍步阶。

（4）握柄：冰斧握柄的材质可能是铝，可能是某种合成原料（玻璃纤维、强力人造纤维或碳纤维），也可能是这些材料的混合。这些材质远比以往的木质握柄更强固、更耐用。

有些握柄外围包有一层橡胶材质，这是为了使用时能把冰斧握得更牢，更好控制冰斧，同时减少震动，使鹤嘴在插入时更易于掌控。如果握柄没有套上橡胶材质，可以自行加上运动用的胶带（如脚踏车手把用的胶带），或是戴上皮质或橡胶掌心的手套。不过，在包上橡胶之后，由于摩擦阻力增加，要利用冰斧施展立式确保技巧、探测或是自我确保时，冰斧可能不易插入雪里。

（5）柄尖：也就是冰斧的金属尖头，务必要保持尖锐，以利于插入雪地和冰地。使用冰斧在岩石路径和碎石坡上保持平衡，会使柄尖变钝。

2. 冰斧的长度

冰斧的长度为40～90厘米不等，比攀登高山用的1.5篇米长铁头登山杖短得多。最短的冰斧为技术冰攀用，最长的冰斧则被高个子的登山者在好走的地形上拿来当作手杖使用。

冰斧的理想长度主要取决于用途，至于身高倒是没有多大影响。在一般的登山活动中，70厘米长的冰斧对大多数的登山者而言是最佳的选择。这个长度能提供最好的平衡协调，并且最适合在陡雪坡上使用。

长度在60厘米以下的冰斧是技术冰攀的工具，适合用在极陡的斜坡上。但这种冰斧并不适于滑落制动，因为短握柄的杠杆力量没有长握柄的大，而且它的专业鹤嘴设计也不适于滑落制动的技巧。

一般用于冰攀的冰斧，70厘米是最长的。在大部分的高山情境下，长度在60～70厘米之间的冰斧效果都很好，这时攀爬的是坡度中等的雪坡，需要使用冰斧做自我确保和滑落制动。较长的冰斧较适合用在越野行进和混合地形，也适合用在雪地确保或是探测雪檐与冰河裂隙。

3. 冰斧的腕带

冰斧的腕带可以联结手腕或吊带，确保冰斧不致脱落离身。在有裂隙的冰河或是长程的陡峭斜坡上，丢了冰斧等于失去一个重要的安全工具，而下面的登山者也有可能会被脱落的冰斧击中。因此，腕带是重要的保险工具。雪攀时偶尔会遇到岩石路段，这时可以利用腕带将冰斧悬垂在手腕上，空出手来做攀扶动作。

典型的腕带是由一条穿过冰斧钩环孔的辅助绳或伞带组成。市面上有非常多的腕带可供选择；也可以自己利用直径 5 ～ 6 厘米长的辅助绳或 1.2 ～ 2.5 厘米宽的管状伞带做一条。将绳子的两端打个结绑在一起做成一个绳环，绳环以系带结穿过钩环孔，调整长度后打个单节，自制腕带就完成了。

在初级雪地和初级冰河的登山者偏好短腕带。短腕带不但容易使用，而且可以在滑落或冰斧掉落时快速地重新控制冰斧。即使是在失控滑落时，脱手的短腕带冰斧也不至于像长腕带冰斧那样乱飞舞动。

不过，大部分的登山者比较喜欢长腕带。如果腕带够长，在雪坡上为了改变行进方向而换手握冰斧时，就不必把腕带从一只手腕换到另一只手腕上。也可以将长腕带用带环扣到坐式吊带上，这样冰斧就可以当作个人确保装置。在攀登陡峭的雪坡或冰地时，冰斧也可因长腕带而有更广的用途。长腕带的长度通常和冰斧一样长，只要调整到正确的长度，就可以在砍步阶和冰攀时减少手臂的疲劳。一只手穿过腕带圈，腕带的长度应该正好可以握住冰斧握柄尾端靠近柄尖的部位（图 3-43）。

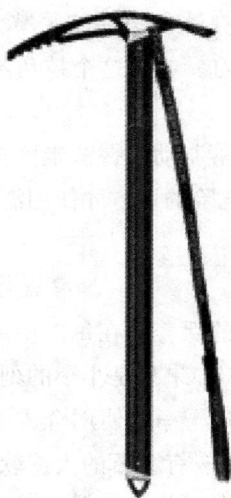

图 3-43　冰斧腕带

4.冰斧的使用方法

（1）正确携带冰斧。携带冰斧的第一守则，就是小心谨慎，随时谨记冰斧的利刃和边缘会对登山者和同伴造成伤害。

在不需要使用冰斧时，把它放在背包上束好：插入背包的冰斧环中，再把握柄倒过来柄尖朝上，束紧在背包上，再用塑胶或皮制的保护套套住鹤嘴、扁头和柄尖。如果登山者用一只手水平带着冰斧，要抓住握柄的平衡点，柄尖朝前，鹤嘴在后朝下，避免刺到后面的人。

走在岩石和树林交替的陡坡雪地时，需要空出双手，这时可以暂时把冰斧斜插在背部和背包之间。柄尖朝下，鹤嘴和扁头要在两个肩带之间卡住，注意不要让它碰到颈部，而且要指向和握柄角度大致相同的方向。这种方法可以让登山者迅速抽出或插回冰斧。

（2）冰斧的握法。冰斧的握法有两种，该用哪种握法取决于当时的状况。

滑落制动握法：大拇指放置在扁头下方，手掌和其他四指在握柄头部握住鹤嘴。攀爬时扁头朝前。滑落制动的握法可以让登山者在滑落时做出止滑动作。

自我确保握法：手掌撑在扁头上方，大拇指和食指垂在鹤嘴下面。攀爬时鹤嘴朝前。自我确保握法提供一个较稳固的支撑，让登山者在第一时刻避免滑落。

当使用自我确保握法时，一旦跌倒，必须要有能力迅速更换成滑落制动握法。抓起冰斧的握柄，迅速松开握在冰斧头部的手掌，然后将冰斧转180°，换成滑落制动握法。这一招要勤加练习。如果这个技巧不很熟练，那么以滑落制动的握法来做自我确保是比较安全的。

有些登山者干脆选择用滑落制动的握法走完全程，而有些偏爱自我确保握法的人则选择在自己认为有滑落危险的地方才使用滑落制动握法。

5.冰斧的保养与安全

冰斧几乎不需要什么特殊的保养。在每次使用前先检查握柄是否有严重的凹陷，否则在重压下可能会折断（如果只是小小的刻痕或磨刮则不必担心）；每次攀登回来，要把冰斧上的泥土清理干净，使用合成溶剂（如润滑油和渗透油）和摩擦纸（如擦洗垫或软的磨石——嵌有磨石的人造软垫）把所有的锈斑除去。鹤嘴、扁头和柄尖需时常检查是否锐利。若需磨利，要使用手锉刀，不要用电动的研磨机器，因为高速研磨会使金属过度受热而改变性能，导致金属强度变弱。

可以使用护套套住冰斧的鹤嘴、扁头和柄尖。

（二）冰爪

冰爪是一些金属鞋钉的组合，绑或套在登山鞋底，可以顺利刺入硬雪或冰面。光凭登山鞋无法在这些地面产生足够的摩擦力。选择冰爪，要考虑一般登山用途和技术冰攀用途。

1. 冰爪的齿钉

早期的十爪冰爪已在 20 世纪 30 年代被取代，加上两个向前斜屈的前齿钉而成为十二爪。两个前齿钉减少了砍步阶的需求，登山者可以利用前爪在陡峭的雪坡和冰地上站稳。目前，一般登山用的冰爪有十二爪和较轻的十爪两种样式，但都有前爪的设计。

大部分的冰爪是以一种极轻、极坚固的铬钼钢合金制成。不过，也有一些款式是由航空级铝合金制成，其重量比钢轻，但是比较软，无法承受脚底下的硬石。在雪地或冰壁路线上穿冰爪攀爬时，往往会遇到几个岩石路段，冰爪通常可以克服这种路段的困难。不过，齿钉多半会被磨钝。

一双冰爪的最佳用途，取决于前两排齿钉的相对角度和方向。如果第一排（即前爪）下垂而第二排则弯向靴子的尖端，这种冰爪较适合冰攀（前爪攀登），不适于一般登山之用；在前爪攀登时，这种构造可以使第二排齿钉更容易啮合，减轻小腿的紧绷程度。相较之下，角度弯向下的第二排齿钉较符合人体运动力学，易于在缓坡上行走。

前排齿钉可以呈水平方向或垂直方向（图 3-44）。呈垂直方向的前排齿钉是技术冰攀用的，外观仿自冰斧鹤嘴，非常适于刺入水结成的硬冰面；不过，在较软的高山冰地或雪地它们却容易折断，除非是深深地插入冰雪里。相较之下，呈水平方向的前排齿钉是配合一般高山冰雪地设计的，适合大部分的登山环境，它们提供较大的表面积，所以在软雪的环境中较为平稳（图 3-45）。

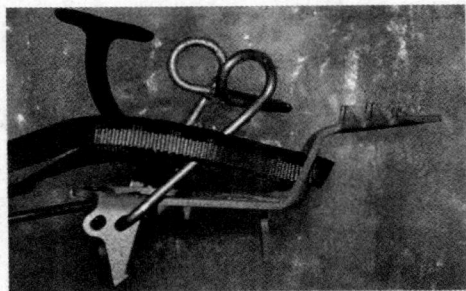

图 3-44　冰爪

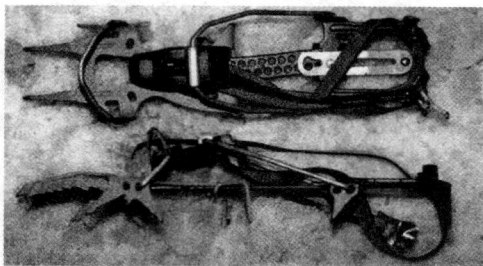

图3-45 冰爪

2. 冰爪的类型

登山用的冰爪可以分成三种类型：调整式、半固定式和固定式。

（1）调整式：这种冰爪为一般登山用，可以绑在任何种类的登山鞋上，随着走路时脚底和岩石的接触而自然起伏。冰攀时将调整式冰爪绑在硬底登山鞋上虽然会有较多的震动，但它的效能几乎和固定式冰爪一样好，因为登山鞋提供了一个固定的平面。

（2）半固定式：这种冰爪同时适用于一般登山与技术冰攀，具有某种程度的弹性，也就让完全硬底的登山鞋具有一定程度的弹性。半固定式的冰爪具有水平方向和垂直方向的前排齿钉两种款式。有些半固定式冰爪具有可调式环状扣环，可以变换至较符合人体力学、较有弹性的行走模式，并且可以适用于较具弹性的登山鞋。半固定式冰爪可以在必要时调整为适合技术性前爪冰攀的模式。

（3）固定式：固定式冰爪为技术冰攀用，在踢踏冰面时，它的震动程度远低于调整式冰爪，而且它的固定性可以提供更多的支撑力量，节省登山者的体力。固定式冰爪大多需要搭配硬式登山鞋，因为软式登山鞋容易变形，无法与固定式冰爪吻合，会让冰爪脱离鞋底。固定式冰爪在混合地形上的表现并不好，因为这种地形需要弹性。此外，固定式冰爪通常是最重的一款冰爪。

3. 冰爪的穿着方式

冰爪的穿着方式主要有三种系统：束带式、快扣式（套脚式）和混合式系统。一般而言，调整式冰爪较适合使用束带系统搭配软式登山鞋，而固定式冰爪适合使用快扣系统配合硬式登山鞋。混合式系统前面有束带、跟部有后扣，通常为半固定式冰爪所使用，并搭配较硬的登山鞋。无论是哪种系统，最重要的一点是穿着冰爪的方式务必要和靴子相合。

（1）束带式：束带上有扣环的冰爪几乎可以绑在任何靴子上。涂上一层氯丁

（二烯）橡胶的尼龙是最好的束带质料，因为它强韧、不吸水、不松弛，而且很容易换到别双冰爪上使用。尼龙伞带也很强韧，但它会吸水，使得伞带结冰，变得难以操作。皮革做的束带比较便宜，可是遇湿就会松弛，结果不是烂掉就是断裂。下面是三种常用的束带方式。

①苏格兰式束带：一条中央有环圈的束带牢牢地固定在前面的两个穿孔上。第二条束带从一侧的穿孔经过，穿过第一条束带的环圈，再绕到另一侧的穿孔。后面那条（第三条）较长的束带则缠紧脚踝，扣住一条较短的束带（第四条），并穿过后面两个穿孔。这种束带系统快速又方便实用。

②每只冰爪上有两条独立的束带：一条束带环绕整个脚面，用前面四个固定的穿孔和靴子连在一起。另一条长束带则环绕整个脚踝，以后面两个固定穿孔连接靴子。

③每只冰爪上有四条独立的束带：冰爪的一侧有两条附有扣环的短束带，另一侧有两条较长的束带。其中一条长束带环绕整个脚面，再扣在一条短束带上，然后以前面四个固定穿孔和靴子连在一起，另外一条长束带则环绕整个脚踝，扣在另一条短束带上，并穿过后面两个穿孔。

把冰爪绑到靴子上时，要注意把扣环放置在冰爪的外侧，以减少齿钉钩到扣环的可能。四带式和双带式的前带都有可能脱落，因此要将前带由外到内穿过每个穿孔，最后再多缠绕几回以免松脱。

（2）快扣式：这种冰爪在脚趾处有一条金属横杆、在脚跟处有一个快扣或扣杆，穿脱既容易又迅速。不过，快扣式冰爪对靴子的要求较束带式严格。为了安全吻合，靴子在脚趾和脚跟处一定要有一条明显的革痕或凹槽，当冰爪和靴子的尺寸吻合时，冰爪后跟快扣可以轻易地扣入靴子革痕内，然后再施力将冰爪脚趾处的金属杆稳固地扣入靴子前端的革痕里。快扣式冰爪一般都附有一条安全束带可圈住脚踝，以防冰爪松脱掉落。有些款式会在脚趾横杆上附加一条金属束带，安全束带会穿过这条金属束带以确保冰爪不会从靴子上脱落。

（3）混合式：这种冰爪的特色是结合了脚趾处的束带与脚跟的快扣。这种固定法很受欢迎，因为它可以跟只有后跟革痕（而无前端革痕）的靴子搭配。和快扣式冰爪一样，将冰爪后跟扣杆扣入靴子革痕内后，再使靴子束紧在前面的穿孔固定点。对于外面又罩一个隔离外靴的登山鞋，这个固定法非常好用。

4. 冰爪的保养和安全

想要一双安全可靠的冰爪，就必须定期做简单的保养。每次登山后要把冰爪清干净，每次出征之前要检查。修补或更换磨坏的束带、螺钉、螺母、螺栓等零组件。齿钉应当干净而锐利，锐度适当即可，因为只有技术冰攀才需要极度锐利的齿钉。磨利变钝的齿钉，要用手锉刀，不要用机器。同时要检查齿钉是否排列平整，歪斜的齿钉不但使冰爪在插入雪地时效果较差，更有可能会撕裂裤子与绑腿，甚至割伤腿部。如果齿钉已经严重扭曲，这组冰爪最好淘汰。在又软又黏的雪地上，冰爪容易卡雪，这些雪块会妨碍齿钉刺入，导致危险，尤其是在覆有半融雪的冰地上。要降低这种危险，可以使用市售的防雪球片，它是一片合脚的橡胶片或乙烯制成的布片，可以把冰爪的底部贴起来，减少冰爪底部雪块的聚积，也可以自行用防水、撕不破的强力胶带贴起来。遇到软雪地时，如不需要冰爪，脱掉反而会更安全。

（三）标志杆

在天气恶劣时，登山者通常会在路径上插上标志杆当作记号，以便回程时易于辨识。标志杆也可以用来标示潜在的危险。排成一个 X 的两支标志杆标示着一个已知的危险，如一座脆弱的雪桥。在营区，标志杆也会用来标示无绳索行进的安全边界以及掩埋补给品的地区（储藏处）。

市面上有售标志杆的，不过登山者往往会利用有绿色斑点的竹条自己制作。只要在竹条的一头加上一幅鲜艳耐用的防水胶带旗帜，标志杆就完成了。一般标志杆的长度在 0.7～1.2 米之间；如果标志杆短于 0.7 米，不容易看见旗帜，而如果超过 1.2 米，就不容易携带。

把自己的名字缩写和日期写上，登山者可以确定在回程找到自己的路径，而不是其他人的。把标志杆牢牢插入雪地里，要插得够深，以免融雪或强风使标志杆倒落而无法看见。插入的位置最好能显示行进的方向。冬季的软雪和新雪可能会掩埋标志杆，所以这种季节要用最长的标志杆，并且要插得更深。下山的回程中别偷懒，要把标志杆一一回收。

（四）滑雪杖

滑雪杖的用途并不只限于滑雪时使用。不管是徒步健行、穿熊掌鞋，还是利用滑雪板都可以使用滑雪杖和登山杖。当背着沉重的背包在平坦或坡度低缓的雪地、比较滑的地面或是碎石堆里行进时，利用滑雪杖来保持平衡会比冰斧更好用。滑雪杖也可以分担一些下半身的重量，而它底部的阻雪板可以防止杖杆深陷在软雪里。其实冰斧也会有深陷软雪的困扰，除非在冰斧上套上特制的阻雪板。

有些滑雪杖或登山杖具有登山很有用的特点：能够调整的杖身，可以随情况或地势调整适当的长度翻越山岭；上山用的滑雪杖可以调整成比下山用的更短。

这种滑雪杖可以完全缩短，便于背负。不过，可调整的滑雪杖需要更多的保养，每回登山归来都要解体、清洗并风干（图 3-46）。

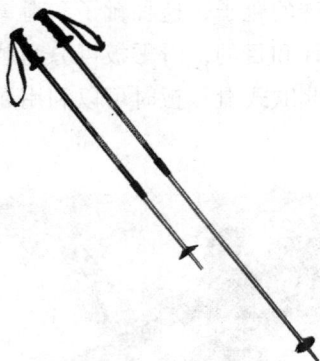

图 3-46　滑雪杖

（五）熊掌鞋

熊掌鞋是雪中行进的传统辅助工具，目前已演变成更小、更轻的样式了。专为冬天登山设计的现代熊掌鞋，包括铝制管状包边、聚氨酯底层、铝制防滑钉和尼龙束带。现代熊掌鞋不但更稳固、更容易使用，而且还包括一片类似冰爪的齿状金属板，在硬雪地上增加摩擦力。不少款式还有锯齿状的脚跟板（或侧边板），可以减少向侧边的滑落（图 3-47）。

图 3-47　熊掌鞋

熊掌鞋可用来做上坡踢步。虽然熊掌鞋行走的速度没有滑雪板那么快，但熊掌鞋可以用在树丛茂密或岩石密布的地形上，滑雪板在这种地形上就显得狼狈笨拙，而且身上负有沉重的背包时，熊掌鞋往往比滑雪板来得实际。如果登山伙伴中有人不擅滑雪，大家一同穿熊掌鞋行进会较有效率，减少挫折。大部分的滑雪板束带需要配合特别的靴子使用，但熊掌鞋的束带几乎可以配合任何靴子。

（六）滑雪板

　　套上登山皮革带的北欧式滑雪板和山岳式滑雪板提供了一个便利的爬山模式。北欧式滑雪板要配合一种特殊的靴子，这种靴子和滑雪板套在一起后脚跟处是空的。依据滑雪板和靴子的设计和目的，滑雪板可分为越野式、游览式和屈膝旋转式。由于脚跟不固定，穿上北欧式滑雪板时可以利用屈膝旋转技巧滑下山坡（图3-48）。

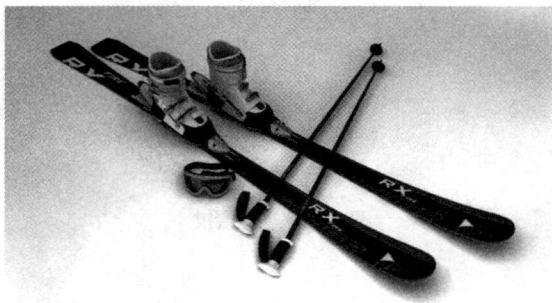

图3-48　滑雪板

　　穿滑雪板登山则要用一种更宽、更重的滑雪板（有时称为攀登雪屐），这种攀登雪屐的绑带方式可以使登山者在上山时脚跟悬空，但是在下山时脚跟固定，以施展标准的下山技巧。特殊的攀登雪屐或高山游览靴是特别为登山滑雪板所设计的。虽然有些雪屐的绑带方式可以搭配双重靴使用，但在滑雪时的效果会打折扣。

　　北欧式滑雪板和攀登雪屐都可以在旷野地带使用。可暂时固定于滑雪板底的登山皮革在上山时有增加摩擦力的功能。

　　在雪地行进，用滑雪板是比较快的，而且可以让登山者到达某些没有滑雪板就难以到达的地区。在通过冰河裂隙地带时，滑雪板也可以再多提供一重的安全保障，因为滑雪板把身体的重量分摊给较大的面积，减少雪桥断裂的机会。滑雪板在救难时也很有用，可以变为临时担架或雪橇。

（七）雪铲

　　对雪地登山者而言，一把宽面的铲子是工具，也是安全配备（图3-49）。如果有人被雪崩埋住，这是唯一可以把人挖出来的实用工具。雪铲也可用来挖掘雪地避难所、建造搭帐篷的平台，甚至可以在雪特别厚的路线上作为登山工具，铲出一条路来。所以，应该随时带着雪铲，以备不时之需。

图 3-49 雪铲

一把好的雪铲铲面必须够大，铲雪才有效率；铲柄必须够长，才能发挥良好的杠杆力量，可是又不能过长（60～90厘米长），以适合在一定范围内使用。有些雪铲的铲柄能够加长或拆下，或是两者皆可；有些雪铲还有一项很好的功能，就是铲面可旋转至与铲柄垂直，作为挖沟的工具。D型的手把在铲雪时比较舒适。有些款式的握柄是中空的，里面可以放置雪锯或雪崩探测器。

如果是干燥的粉雪，塑胶的铲面在重量和力量之间是很好的折中。不过，金属铲面的雪铲比较坚固，因此也比较适合铲硬雪或雪崩碎屑。无论是金属或塑胶铲面，都可用锉刀磨利边缘。

（八）冰锥

可用的冰锥有很多种类型，爬纯冰路线的时候肯定想用最好的那种（图3-50）。按照长度和直径冰锥分为多种，每种都有自己的挂片配置。因为通常使用一只手放置冰锥，同时另一只手把自己固定在冰面上。所以，很重要的一点就是，要选择的冰锥不仅能够容易入冰而且能够迅速高效拧进去。现代冰锥配套一种装置是连接在挂片上的，可以用一只手就轻松拧入。这是一种固定好的杠杆。不管选择哪一种类型，在攀爬路线需要用到冰锥之前，要在低处的冰面练习拧入，甚至就在地面附近练习。

保护冰锥免受损伤是很重要的，不仅是前面的切入齿，外表面环绕的螺纹也要保护到。不要将冰锥重重地敲击在任何其他装备或者短冰镐上；考虑使用冰锥套，这样携带起来安全，而且需要用的时候也容易取出。

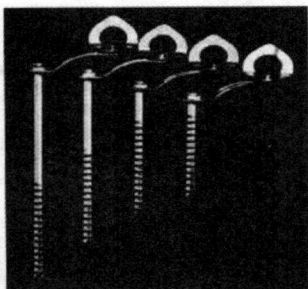

图 3-50　冰锥

（九）冰钩

冰钩是另一种敲入式的固定装置，专为薄冰设计（图 3-51）。冰钩可以使用在冰面或岩石上，像岩钉一样，以冰攀工具将冰钩敲入冰里或填满冰的裂缝。通常在使用冰钩时会配合一个可以减轻冲击力的带环。这种固定点通常需要由另一把冰攀工具用力地拉出来。

图 3-51　冰钩

第四节　其他装备

一、十项必备物品

（一）定位和导航

1. 地图

作为最基础的装备之一，地图有不同的规格和比例，最常见的是 1 ：25 000 和 1 ：50 000 两种。前者适用于精度要求很高的情况，如确定极小目标的位置时。不过对于一些较小的独立地貌，比如冰雪覆盖的小溪，等高线细节就变得非常重要。后者适用于更大范围内的辨向，表现依然出色准确。1:50 000 的地图看起来没有那么多细节，因此更容易辨识。

2. 地图盒

如果地图不是贴膜的，可以去文具店购买透明书皮把它包起来，这样就会比传统的纸质地图耐用得多。如果在旅途中没有时间贴膜，地图盒能将地图保存得很好。建议买那种橡胶质地的，虽然贵一些，但比那些便宜货要耐用；便宜的地图盒很容易开裂散架。

3. 指北针

市面上有多种指北针可供选择，最终还是要看个人的喜好。最低要求如下：大而干净的表盘，戴上手套也易于操作的外壳按钮，明显的标志，表盘边上带有比例尺或毫米刻度。

可以用细绳套把指北针挂在脖子上，或者固定在外套上的地图盒钩上。

4. 计数器

步测时，需要时时精确计算出已走过的距离，为此，可以购置一个能从 1 按到 9 的小计数器来配合指北针使用，也可以在挂指北针的细绳套上加上 10 个塑料卡扣，每当走完一个单位距离，就像拨动算盘珠一样把一个卡扣从上面拨下来。

5. 秒表

计时的步骤如下：想好要记多长时间，然后按一下，开始计时；等时间到了，再按一下停止计时。普通的钟表也能用来计时，但是却很难记录是从什么时候开始的；电子表上的秒表或是专业的秒表效果会更好；家用的小型电子计时器轻巧又好用。

6. 油性记号笔

尖头的记号笔不仅在压膜地图上面容易写写画画，在其他的光滑表面上也很好用。记号笔不但可以用来计时，还可记录其他信息，包括稍后会提到的方位角等。

7. 手持 GPS（全球定位系统）接收机

手持 GPS 接收机对于定位和在山区寻找路径作用极大。例如，在登山活动的最后一天，在裂缝区域返程的时候，诸如"路径记录"这样的特色功能就很有用。

使用 GPS 需要注意的是：作为一种电子设备，它得有电池才能工作；另外，它有可能出错，甚至死机。因此，大部分人会把 GPS 作为预防万一的备份定向手段，而熟练掌握使用地图和指北针的基本技能仍然是必需的。人们通常把从 GPS 上获得的信息标注在地图上，然后继续使用地图来完成行程。

8. 高度计

跟 GPS 的用法类似，高度计可以帮助登山者判断自己所在的位置，但是不能直接用于定位。在高海拔地区冰雪覆盖的山脊下方，若缺乏明显的地形特征，且山脊又有一定的坡度时，可以直接用高度计来定位。

天气变化的时候，高度计显示的数据变化无常。一般说来，只有正确校准过的高度计显示的数据才准确。这需要在已知海拔的地点对高度计进行调校，在某些条件下，每几个小时就要做一次这样的工作，否则大气压力的变化会导致高度计读数不准确。

通过卫星信号获得高度数据的高度计不受小范围大气压力变化的影响，但是它们只有在天空视野良好、周围能找到卫星的时候才好用。

（二）防晒用品

携带并使用太阳眼镜、防晒油等保护视力、皮肤和嘴唇，穿着有防晒保护的衣服。

1. 太阳眼镜

这是高山地区的重要装备。裸视雪地上反射的太阳光，即使为时甚短也会感到头痛和眼花。眼睛特别容易受辐射线侵害，眼角膜会在眼球尚未感到不适前便已遭到灼伤，造成痛楚不堪的雪盲。紫外线能穿透云层，因此别以为阴天就不需要保护眼睛。必须抹上防晒油，戴上太阳眼镜，尤其是在雪地、冰地、水中及高海拔地区。

太阳眼镜能过滤 95 ～ 100 的紫外线（图 3-52）。镜片应染色，只容许少部分的可见光通过，雪镜的透光率应为 5 ～ 10，试戴墨镜时要对着镜子看，如果能轻易看见自己的眼睛，表示镜片色泽太浅。灰色或绿色的镜片不会令颜色失真，黄色的镜片可在雾中或阴暗的天气下保持较佳的反差和能见度。

图 3-52　太阳眼镜

　　除非直视太阳，否则红外线不至于伤害眼睛，但是能隔离红外线的太阳眼镜可保护眼睛，比较保险。

　　镜框应在侧面加装遮光板，既能减少光线直射眼睛，又能适度通风，防止镜片产生雾气。镜片上喷防雾清洁剂可减少镜片起雾。

　　登山队应起码多带一副备用太阳眼镜，以备队员遗失眼镜。如果无备用太阳眼镜，可在布制或厚纸板制的眼罩上割一道细缝，然后戴上，保护双眼。

　　许多近视或远视的登山者喜欢戴隐形眼镜，既不会滑下鼻梁、溅上水珠，也不必戴有度数的太阳眼镜。但隐形眼镜也有缺点，风沙、汗水和防晒油都会刺激眼睛，而且身处穷荒之地时不易清洁及保养。一般眼镜会比隐形眼镜更能保护眼睛。不论戴哪种眼镜，近视或远视的登山者一定要多带一副眼镜或有度数的太阳眼镜以备万一。

　　2. 防晒油

　　皮肤的防晒工作对登山者的健康是很重要的一环。皮肤色泽深浅与防晒油需用量固然因人而异，但疏忽防晒工作一样都会有罹患皮肤癌的风险，千万不要大意。

　　登山使用的防晒油须能阻绝长波紫外线（UVA）和中波紫外线（UVB），长波紫外线是引发皮肤癌的主要因素，而中波紫外线则会造成晒伤。防晒系数（SPF）须达 15 以上。擦防晒系数 15 的防晒油的人，可比未擦防晒油的人在太阳下多待 15 倍的时间而不致晒伤。为阻绝长波紫外线，使用含有氧化锌、二氧化钛或亚佛苯酮的防晒油。

　　防晒油易随汗水流失，要经常涂抹补充。

　　所有暴露在外的皮肤都要抹上防晒油，包括下巴下面、鼻子、鼻孔内和耳内。戴帽子的人也要在脸颈部涂抹防晒油，防止雪地反射的光线伤害皮肤。防晒油需要一段时间才会起作用，因此出发前半小时即应涂抹。

　　登山者也可用氧化锌膏或化妆用的白色油彩来代替一般的防晒油，不但防晒，而且还不易脱落——除非被手指或装备刮落，否则擦一次即可支撑一天的行程。

缺点是黏糊糊的，不易清洗，必须借助卸妆液。

衣物的防晒效果胜于防晒油，天气晴朗时攀登冰河，可穿着浅色透气的长内衣或风衣。即使天气酷热长内衣穿起来不舒服，也比不断涂抹防晒油要省事得多。

嘴唇也是皮肤，同样需要保护才不会脱皮和起疹。市面上有可以防水防汗、不易脱落的护唇膏，要经常涂抹，特别是在喝水或吃东西后。

（三）备用衣物

紧急情况下需要一些额外的保暖衣物。登山活动的基本衣物为内袜、外袜、登山鞋、内衣裤、长裤、衬衫、毛衣或羊毛夹克、帽子、分指手套或并指手套、雨具。"备用衣物"指的是在不得不紧急露宿长时间不活动的意外情况下，能够帮助登山者活下去的额外衣物。

多带一套内衣裤有助于保暖，而且重量不会增加太多。多带一顶帽子或套头露脸帽是聪明的选择，比等重的任何衣物都要保暖。在手足防护方面，需多带一双厚袜子，多带一双聚酯纤维或羊毛手套。在冬季攀登或高山远征时，不但身体需要多一层衣物保暖，腿部最好也多准备一条吊带裤。

（四）照明

电池和灯泡都属于消耗品，所以要有备份。

头灯或手电筒的照明度依款式不同而有差异。一般来说，高亮度的照明需要消耗更多的电力，照明度最强的灯通常也需要更多的电池，才能持续使用数小时。科技的发展使灯泡更有效率，像卤素灯泡或氙气灯泡。新的发光二极管灯泡结合了明亮度、耐用度、低耗电的优点，虽然它不是最强力的照明装备，但它具有高效率与轻巧的优势。如果不需要类似聚光灯的强力照明，发光二极管灯泡是目前最受欢迎的选择。

头灯使用时可以空出双手，比手电筒方便。照明非常重要且容易出差错，因此买好一点儿的产品是值得的，至少要买能防潮的产品，不怕雨淋。完全防水的头灯虽然昂贵，却物有所值，在任何天气下都可正常运作，电池和接头放在潮湿的地下室或车库达数月之久，也不怕锈蚀。

头灯的开关必须要坚固，不会因放在背包内意外误触而打开，这是登山常常发生的严重问题。采用凹槽式开关的设计是最好的，用旋转来控制开关的也不错。如果头灯的开关极易因碰撞而打开，可用胶带将开关固定在"关"的位置，或是取下灯泡、倒装电池、阻断电路。

有些头灯的焦距可以调节，照明范围广的泛光灯适合做杂务时使用，集中式的聚光灯则可看清远方的物体。

要确定携带的备用电池和灯泡没有问题，且能够适用。

（1）碱性电池：一般电池中以碱性电池为好，电量远高于较便宜的铅锌电池。碱性电池最大的缺点是接近没电时伏特数（会影响照明度）会大幅下降，效能在低温时会急剧损耗（-18℃时只能发挥10%～20%的电力）。

（2）镍镉电池：可反复充电，电力将耗尽时伏特数和照明度不变，低温下运作良好（-18℃时仍能维持70%的电力），但储电量不及碱性电池。登山时可选用高容量的镍镉电池，其含电量为标准型的两到三倍，值得多花一点儿钱购买。

（3）锂电池：价格高、效果佳。电量耗尽前伏特数都不会下降，在-18℃时还能正常发挥电力。锂电池的伏特数是同尺寸标准电池的两倍，要注意能与头灯兼容。

（五）急救箱

携带急救箱并了解如何应用，但不要以为有了急救箱就万事大吉，预防永远胜于治疗，最好能在第一时间采取措施避免疾病或伤害造成。

参加山难急救训练等很有必要，因为一般的急救训练是针对专业急救人员可以快速前来处理的市区或工厂意外。等待专业急救人员到达山区可能得花上数小时，甚至数天的时间。

急救箱要小而坚固，物品须用防水袋或塑胶袋包妥。市面上很容易买到急救箱，但里面的物品往往不够使用。急救箱至少应包括各种尺寸的纱布块、纱布卷、小型绷带、蝴蝶型绷带、三角形绷带、斜纹厚棉布、胶带、剪刀、清洁液或肥皂、橡胶手套、纸和笔。

绷带和纱布块的数量要充裕，以防大量出血。带多少，要考虑登山活动的性质和天数。如果攀登冰河时发生骨折，无法就地找到树枝做夹板来固定断肢，铁丝梯状夹板就很有用。如果是海外远征，就必须多准备一些医师所开的处方药品。

（六）火种

携带生火的工具以便紧急时使用。大部分的登山者会将几个丁烷打火机放在防水罐子里，以取代火柴。火种的火焰比较稳定，是快速燃起湿材或生起紧急营火必备的物品。一般的火种包括蜡烛、化学热力带和罐装点热器。高海拔的雪地或冰河没有柴火可用。

（七）修护包和工具

小刀是很好用的工具，不管是急救、烹煮食物、修复装备还是在攀岩上都会用到，队伍中的每个人最好都带一把。系上小绳环可以避免遗失。其他的工具，如钳子、螺丝起子、钻子、剪刀等可以跟刀子结合在一起（如瑞士刀），或是个别携带装入一个工具包里。另外，还有鞋带、别针、针线、铁线、尼龙胶、塑胶纽扣、绳子、伞带以及帐篷、炉具、冰爪、雪鞋等装备的备用附件。

（八）营养（备用粮食）

天数短的队伍可多准备一天的备用粮食，以便在恶劣天气、迷路、受伤或其他因素而延迟行程时使用。天数长或远征的队伍需要准备更多的备用粮食。备用粮食须免烹调即可食用、容易消化，且可存放一段时间，如肉干、坚果、糖果、什锦干果麦片、水果干等都是不错的选择。如果带有炉具，也可以加上可可粉、干燥汤包、茶等。

（九）水（备用水）

多带备用水及携带取水或净化水质的用具。尽量每次都多带一瓶水罐或水袋。开口大的容器比较容易装罐。有的背包在臀带处有可放置水罐的地方，拿取很方便。有些水袋可以放在背包顶端，附有长长的塑胶吸管，便于边走边喝。

在登山之前，先在可靠的水源处把装水的容器装满，也可从家里带出来。在遇到额外的水源时，可以补充你所带的水，不过，通常得先用过滤、化学纯化药剂、煮沸等方式来净化水质。在雪地里，要准备炉具、燃料、锅子与打火机来融雪，以取得额外的水。

每天消耗的水量可以有很大的差异。一个人一天 2 升水是合理的最少需求；在很热的天气或高海拔的山区，6 升水可能还不够；在干燥的环境下要准备更多的水。

（十）紧急避难物

如果队伍不准备带帐篷，可以用其他的庇护工具来遮风避雨，如塑胶筒状的轻便帐或超大型的塑胶垃圾袋。还有一种锡箔制的紧急避难毯，有人受伤或失温时，可以用它来保暖，或是用两个避难毯搭起简便的避难帐。

带一个隔离性的睡垫可以让你在雪地躺坐时防止热量快速散失。即使是一天的行程也有人会携带露宿袋，当成一种保命的装备，虽然多了重量，但也能因此而少带一些保暖的衣物。露宿袋可以保护衣物不致被雨或雪弄湿，减少风的侵害，尽可能地留住热量。

二、其他物品

（一）驱虫剂

人类只是偶尔造访大自然，但大自然却是虫类永久的居所。有些虫类如蚊子、咬人蝇、极小的蚋、黑绳、壁虱、沙蚤等很想在我们身上饱餐一顿。冬季登山或攀爬覆雪的山或许不需要驱虫剂，但夏季攀爬低海拔的山就很可能会用到了。

保护自己不受蚊虫叮咬的办法之一，就是把自己包裹起来，包括手套与有纱网的头罩。夏季穿长袖衬衫和长裤可以有效防虫，如果天气太热了，穿不了太多衣物，驱虫剂就派上用场了。

（二）讯号装置

哨子、无线对讲机、雪崩救难讯号器和手机等物品有时可救人一命，有时却完全派不上用场，因为这些讯号装置在某些情况下会失去作用，无法完全依赖它们。所以，在携带这些讯号装置时，不要指望它们"一定"可以传达你的求救讯息。登山者从事野外活动时应有周全准备，注意登山安全，一开始就要减少风险的发生，如非必要，最好不要轻易发出求救讯号。

（1）哨子：尽管能听见哨音的范围有限，但它却是最可靠的讯号装置。尖锐的哨音能穿过强风，远远超出人声可及之范围，而且能在别人听不到你的呼喊时充当简易的沟通方法，如掉入冰河裂隙，或是在浓雾、森林、暗夜中脱队时。如果队员能在出发前约好哨音传递的方式，它的用处就更大了，如一声哨音代表询问"你在哪里？"两声哨音为"我在这里且平安无事"，三声代表"救命！"攀登雪山，特别是在冬天时，需要携带雪崩救难讯号器，便于搜寻因雪崩而埋在雪下的受难者。

（2）手持无线对讲机：轻便，是值得携带的装置。在远征高山时，无线对讲机可以当作攀登者之间的沟通工具，也可以当作攀登者和基地营之间的沟通工具，在有人受伤而需要帮助时，它可以节省很多宝贵的时间。地区的国家公园基地台或伐木卡车的频道都有专人负责监听，但它们的规定因地区而不同。无线对讲机使用极为简单，每个人都会操作，但它绝非万无一失，它的使用范围有限，地表隆起的山峰或棱线很容易阻断通信。

（3）移动电话（手机）：随着科技的进步，手机的重量和价格大幅降低，也逐渐被登山者广泛使用。手机可大幅缩短求救的时间，还可用于一般性的联络，如打电话回家告知登山队将会晚一点下山且人员平安，以避免不必要的救援行动。了解手机的限制跟了解它的功用一样重要，电池会耗尽，而且在很多山区收不到信号。手机的便利性会造成安全感的假象，若没有周详的计划与熟练的技术就去攀登超过能力的路线，然后只想着"没关系！出了事可以打电话求救"，这是十分错误的观念，会让自己深陷危险，也会让救援人员冒不必要的风险。

（三）装备检查清单

不论资历深浅，仓促准备出发难免会遗漏重要的物品，有丰富经验的登山者已经领悟到防止疏忽的方法——利用装备清单来检查。清单的内容除包含基本装备外，可按个人需求增减，养成每次出发前都根据清单来整理装备的习惯。

第五节　装备的选择、购买与使用原则

一、装备的选择原则

很多初次接触登山的人选择装备时没有太多依据，往往是选择那些昂贵的东西，登了几次山之后会发现很不实用。那么，是不是贵的装备和服装就一定是好的？那些颜色鲜艳，式样好看的就一定是先进的？诚然，这些装备都有它自身的优势，但未必适合。因此，选择的基本原则是要选择适合自己的装备，一般从以下五个方面判断和考虑。

（一）根据活动内容来选择

登山的形式内容有很多种，如当天往返的徒步健行和多天的徒步穿越所需要的装备就不一样。如果只是当天的活动就不需要带帐篷、睡袋之类的，但要是多天的活动，袜子和保暖衣等就要多带，还要考虑配备炊具，所以说活动的内容决定了选择何种装备。

（二）根据场地条件状况来选择

每一座山都有自己特定的地理位置和地形地貌，出行前一定要充分了解相关信息，不能贸然前行，装备也要根据场地条件来选择。很多地方的营地狭小，没有可直接饮用的水，这种情况就需要特别准备净水器之类的东西。

（三）根据个人能力水平来选择

这一点是具有一定经验后才能做出判断的，如攀岩用的专用鞋子，普通老百姓去体验攀岩，往往穿着贴脚的软底鞋就可以了，但专业攀岩就要使用专业的攀岩鞋。专业的攀岩鞋一般比平时穿的要小一些，这样才可以将脚包住以便更好地用力，一些顶尖高手的攀岩鞋甚至比平时穿的小3～4号。如果不了解这些，初次攀岩就选择一双很小很专业的攀岩鞋，就算能穿进去也会很痛苦，更别说享受了。

（四）根据个人经济状况来选择

贵的装备一定有贵的道理，无论是质量，还是性能，肯定会优越一些，但在选择购买时建议选择性价比较高的装备。比如，一件好的冲锋衣，价钱大约要几千元，但如果只是参加平日简单的登山活动，那么买件普通价位的就可以，甚至带把雨伞也是不错的选择。专业的雪套可以预防泥水、蚂蟥进到裤管，但用布条自制个绑腿，也可以起到同样的作用。

（五）根据个人使用偏好来选择

装备的选择也有很强的个人喜好因素在里面。每个人都有自己的习惯，有自己喜欢的颜色式样，只要不违反原则，不涉及安全，只要自己喜欢，用着顺手就是好的。

二、装备的购买原则

（一）合格认证

由于登山是一项高危险性的运动，因而从此项运动诞生之日起，人们就在不断地研制生产各种装备与器械来保障攀登者的安全。装备合格（这里合格装备指的是登山中的技术器材）与否直接关系到攀登者的生命安全，在购买和选用时一定要谨慎。一般来讲，通过国际攀登联合会（UIAA）（图3-53）测试标准或欧洲安全标准（CE）（图3-54）的装备都是合格的。需要注意的是，攀登者一定要熟练掌握正确的操作方法。

图 3-53　UIAA 的认证标识

图 3-54　CE 认证标志

目前，世界上公认的攀登装备多由法国、意大利、英国和美国等一些开展登山运动较早的国家生产，近些年来，我国涌现出了很多登山装备的代理商，而且个别装备我国也已自主研发并通过了认证，这为我国开展登山运动提供了便利条件。

随着网购的日益风靡，现在很多登山器材或者服装都可以在网上买到，但还是不建议在网上购买，首先无法亲自感受与测试网购商品的性能，其次质量有时无法保证，最好还是到正规的装备店去购买合格的产品，这和生命息息相关。

（二）循序渐进

很多初学者总是想使自己很"专业"，对装备还没有充分了解，就盲目地购买了所有的东西，但随着登山的深入，逐渐会发现很多东西不实用，甚至根本没用，这样不仅浪费，也会让自己感到苦恼。

购买登山的服装或者装备，一定要循序渐进。起初可以买一些小部件，如背包、水壶等，随着活动参加多了，对装备的认识提高了，再逐渐配备好的睡袋、冲锋衣等。很多装备店的店员缺乏实践经验，总是纸上谈兵，切莫轻信推销，还是要依靠经验积累。只有亲身在野外体验，才知道什么样的装备是好的，什么样的装备是合适的。虽说花费的时间要多些，但收益却是自己的。

（三）杜绝二手货

很多人喜欢购买二手货，这在登山中是极其忌讳的。购买别人使用过的装备，尤其是技术装备，存在着安全隐患。比如，一条绳子可能已经受了很多次大的冲坠，里面的绳芯已经无法保证安全，但外表却无法辨认出来。服装或者其他一些户外装备二手货并不是绝对不行，但可能使用起来自己会觉得别扭。因此，不建议购买二手货，主要是安全不好保证。

三、装备的使用原则

（一）不外借、不借用

登山中有个不成文的规定，就是装备不外借，也不借用他人的。这样既是对自己负责，也是对别人的尊重，因为没有什么比生命更重要的了。

（二）爱惜使用、轻拿轻放

登山中使用的装备器材都很昂贵，而且多数属于精密产品，很多齿轮、绳子做工精细，使用中要尽可能爱惜，做到轻拿轻放。使用垫子、水壶等户外用品时都要注意，像保温壶磕碰后保温层受损，就会失去保温效果。

（三）妥善存放、认真保养

经过了登山的辛苦，很多人都会好好地放松犒劳自己，而此时很多人忽略了同样做了付出的装备，如登山鞋。前面讲到了如何保养，但更重要的是要有保养的意识。经过长时间的徒步，鞋底难免会沾满泥沙，要花费时间及时清理。否则，下次再穿的时候，发现鞋底布满污垢，会让自己很扫兴。

（四）使用前后要检查

户外服装和用具在使用前后都要仔细检查，因为可能在使用过程中造成损坏，而自己不知道。尤其是一些小的部件，如背包的挂扣、卡子、拉链等，很容易在运输过程中损坏。养成检查的习惯会让登山者收益很多，否则一旦到了户外环境中，发现装备有损坏，那真是后悔晚矣。

（五）先练后用

所有装备都有使用说明书和示意图，一定要养成好习惯，先阅读说明书，学会怎么用，再拿到户外去用。比如，帐篷看似简单，其实学问很大。新买的帐篷一定要在家里或院子里学会熟练地搭建，再拿到户外去用。否则，一次都没用过，就直接拿到户外用，不光露怯，而且威胁安全。

第四章　攀登运动身体训练

许多登山者每天会花一至两小时做体能训练，同时也会在周末进行长时间的山区活动。熟练某种活动的最好办法就是实践。

第一节　耐力训练

心血管循环耐力，是指身体长时间进行重复性活动的能力。这些活动需要心脏、肺脏与许多大肌肉群的配合。例如，跑步、骑自行车和游泳都是具有重复性的活动。

目前，有许多训练方式可供选择，它们相当有效，而且可以让我们每天轻松地维持规律运动的习惯。刚开始进行心血管循环系统训练时，先慢慢地培养好自己进行有氧运动的耐力。可以逐步拉长每回训练的时间，直到一次可做满45分钟或更长为止。喜欢跑步的人每周最多只能增加10%的距离，以免重复性动作给身体带来过度使用的伤害。喜欢游泳的人要增加一些特定的重量训练，让身体适应在开始负重时双腿所需承受的力量。

进行训练时，请尝试每隔一周就把自己的负重能力往上提升2～3千克，直到可背负自己体重的三分之一重量为止，并让自己在穿着登山鞋于平缓地形处行进时每小时的速度可轻松地达到365～450米。而在开始任何远征活动前，先确认自己最少会有4～6个月的持续训练时间。

第二节 进行有氧、无氧运动训练

一、进行有氧运动练习

有氧运动是需要耗费大量氧气的心血管循环系统训练活动。有氧运动通常是在比身体最大负荷量再低一层级的状况下进行的，也就是自己心跳上限的60%～85%。在进行有氧运动时，尽量选择性质和自己实际要参与的登山活动最为相近的。以下所列举的是和登山活动最为相似的有氧运动。

（1）背着背包健行，或不背背包在山路上跑步：在自家附近的健行路线、小山或楼梯步行，不但相当适合登山者，也是训练心血管循环系统的绝佳运动。不背背包跑山路也是相当合适的选择。

（2）雪地健行、越野滑雪、越野滑雪式下坡滑雪：冬季在山径上进行这些活动也是不错的训练方式。

（3）慢跑、爬楼梯、溜直排轮、骑自行车：这些是好天气时很适合在都市进行的有氧运动。

（4）室内运动：当天气很糟但又想保持身体的有氧机能时，可试着在心肺交叉机、踏步机、跑步机、上拉器、健身脚踏车等机器上做运动，或是去上有氧舞蹈或阶梯有氧的课程。

二、进行无氧运动练习——间歇训练

无氧运动是几乎会耗尽身体所有体能的心血管循环系统训练活动。无氧运动的运动量会达到或甚至超过一般的心跳上限。在进行无氧运动训练时，身体消耗的氧气会多于所吸入的氧气，因而导致体内呈现缺氧状态。大多数人在体内缺氧的状态下仅能进行一分钟甚至更短时间的运动。

对挑战高海拔山区的登山者而言，不断重复地爬上爬下是相当有效的间歇训练运动，如找个陡坡或几层楼梯，试着在2～3分钟内爬完。一星期做一次即可。做的时候，试着背些东西，并可利用走到训练地点的路上进行暖身。训练时，以最快速度冲至最高点，抵达最高点后，立刻转身向下，再冲回出发点，并在预定时间内重复上述动作。刚开始练习时不要背太重，一次做20分钟就够了；等身体适应后，再循序增加速度与负重，如此才能在体能增加时也让身体处于心跳较快的状态中。这种训练能帮助自己适应心跳极快的状况，延长身体无氧运动的时间，而在攀登较高海拔山区时经常得面对的一种挑战，正是长时间的无氧运动。

登山者也可利用在平地上跑步、骑自行车爬坡或在使用各种训练机时多加些力道的方式来进行间歇训练运动。在两次高强度的无氧运动间要给自己足够的休息时间，好让身体恢复到平常的状态。

第三节　肌肉力量和柔软度训练

一、增加肌肉力量

登山中大大小小的事情都得依靠身体的力量才能完成，如控制与平衡背后沉重的负重，把身体、背包与整个队伍快速地推上山去，建立营地，或者是协助救援发生山难的登山者。相对于使用重量训练机训练的情形，"自然负重"的训练可以让登山者在三度空间的野外活动中运用肌力，像是在崎岖的路面或是容易失去平衡、挑战性高的山径上健行。

攀岩者或冰攀者多会练习引体上升、三头肌下压、负重举踵、悬垂举腿、握力训练等动作，增强攀爬难度较高路线的能力。而对臂肌和背肌进行一些与攀登时施力方向相反的运动也是很好的练习方式，如举重、伏地挺身、反握弯举、坐式上拉训练等。这些运动可平衡肌肉施力，避免某群肌肉因过度使用而受伤。

冰河攀登的爱好者要多增加些像半蹲、硬举、弓箭步、阶梯运动等，训练下半身的运动以及一些下背部与腹部的运动，也多增加一些上半身肌肉运动，如扭肩、直立上拉。

从背上背包到铲雪，上半身的肌力几乎有助于登山中的所有活动。登山者可以试试下列几种具有创意且不用跑健身房就能训练上半身肌力的小诀窍。在周末健行和平常工作日中的体能调适训练时间里，可试着在背包里带些装满水的水壶，并在抵达山顶（或目的地）时把水倒掉。这种训练可以增加上山时的负重能力，而且不会在下山时因为背包过重而让膝盖承受过多压力。不要开车购物，用走路的方式购物，并把买来的东西放在背包里背回来。在家里边背东西边做半蹲、弓箭步、负重举踵、硬举、阶梯运动等。可以在自己房间门口装根单杠，在每次经过时就练习拉几下。如果拉不起来，可以退而求其次，如利用把身体悬在单杠上的方式来训练握力，或是抓着单杠用力往上跳，跳到下巴超过单杠的高度后，再慢慢地让身体落回地面。以上两种方法都可以增加背部、前臂、手指和二头肌的肌力。如果平常活动地点周围有儿童游戏设施，可以去练练能增加握力、指力和前臂肌力的泰山摆荡式连续横杠。

二、柔软度训练

在完成费力的攀登和健行后，花几分钟拉拉筋，再爬入睡袋或在回家的路上舒服地瘫在车里。拉筋可以避免或减少未来几天的肌肉酸痛。平常在家时可以练练武术、瑜伽，或是去上一些舞蹈课，来增加身体的平衡感和柔软度，让身体从这些交叉训练中受益。

攀岩者或冰攀者可以从拉筋的练习中增加臀部或肩膀的活动幅度。这可以让攀登者在进行撑身向上或大型攀登时用到以前身体无法够到的把手点或踏脚点。拉筋也能放松手指和前臂，让身体在挑战过确保点后回复原有的肌力。

冰河攀登的爱好者可以通过拉筋使在上攀过程中抽筋的小腿休息，或让因背负重物而紧缩的臀部放松。特别注意让在冰河健行时容易紧缩的腿部或肩膀肌肉放松，像四头肌、臀肌、腿部肌腱、小腿以及下背部与上背部的肌肉。

第四节 预防受伤与身体复原

运动量越大，适当的休息也就越重要。休息包括在家里休息以及睡个好觉。在山上进行费力的野外活动后，要让身体好好地休息几天，给予身体足够的时间，让各种机能回复至平常状态，避免给身体带来过度使用的伤害。安排体能调适计划时，在每次需要大量肌力或高难度的攀岩或冰攀训练之间至少要有48小时的间隔。48小时的间隔，能让肌肉、肌腱和韧带得到充分的复原。记住当体能负担增加时，肌腱与韧带会比肌肉需要更多的时间来适应身体额外的出力。所以，一旦肌腱与韧带受伤，得需要一段很长的时间才能治愈。

要避免受伤，就得随时随地留意自己的身体状况。如果在暖身期间就察觉到身体还处在上次训练或攀登所带来的疲惫与疼痛中，就减少这回训练的分量，或是让身体休息几天后再开始训练。如果在爬完一次难度很高的攀岩路线后的几天内，手指与手肘的肌腱一碰就痛，那么就降低接下来训练的难度，或是花一个星期的时间好好休息。虽然对大部分的登山者来说，待在家里休息而不去做最爱的登山活动，是件非常困难的事情；但让身体在下次活动前获得充分复原，显然是比较好的做法。不然，对身体状况的一时疏忽，可能会导致十分严重的伤害。到了那个时候，就得花更多的时间治疗，也就会有更长的一段时间无法从事登山活动了。

第五章　登山技术要求

登山技术是指在登山运动中为克服地形上遇到的各种困难而采取的技术手段和科学的操作方法。

在登山时会遇到各种地形困难，它是运动员行动的障碍和威胁。登山过程，也就是运动员不断排除这种威胁和障碍的过程。面对同样的困难，是战胜它而夺取胜利，还是受阻不能继续前进或坠入险境而酿成事故，一般来说与登山运动员的技术状况有很大关系。

登山技术分为结绳技术、保护技术、上升技术、下降技术等。

第一节　结绳技术

利用打结使绳索之间，绳索与其他装备之间互相连接的方法，称为结绳技术（或称结绳方法）。

攀登者需要用到很多种类的绳结。尽管学会两到三种基本的绳结打法就能应付大多数的情况，但要想具备用绳结来调整保护点或是处理紧急情况的能力，则需要了解更多的知识。这项工程不算艰巨，主要是要知道什么绳结要用在什么地方。预先学习并练习就能很好地掌握。

一、8 字结

8 字结是一个非常关键的绳结，有很多打法。大多数人主要用它连接安全带（图 5-1），如果稍微变换一下打法，8 字结也可以用来快速连接多个保护点。

图 5-1　打在安全带上的 8 字结

　　最简单的形式就是系在绳子中段或是绳环上的 8 字形绳结，常见的情况是在绳子尾部用 8 字结打一个绳圈，而后用一到两把锁把绳子和安全带连接起来。这种连接方法常见于运动路线上的顶绳攀登和放绳下降，但绝对不能用于领攀，因为连接的铁锁可能会横向受力，导致承重能力大大降低（图 5-2）。

图 5-2　打在绳索上的 8 字结

　　反穿 8 字结的打结法非常适合连接安全带，因为打好以后很容易看出它的形状，也便于检查其他的附件。当绳结完成时，绳圈需要和安全带上保护环的大小一样，如果安全带没有保护环，把绳子上的绳圈打成拳头大小即可（图 5-3）。

图 5-3　反穿 8 字结

　　有些人在 8 字结打好后会在尾部打一个防脱结，通常是用双渔人结收尾，因为他们担心攀爬或保护时 8 字结松开，打完防脱结留出的绳尾应该为 5 厘米左右。

另外一种打 8 字结的方法是在绳的中段打结，这在构建保护站的时候非常有用，同时适用于岩壁、雪地和冰面各种地形。这种结的最大好处是在承受冲击时会拉紧，同时能够吸收部分重量，特别是在领攀者脱落时，能够减少通过保护系统传导的重量。

打这种结的时候要首先将一条 60 厘米左右的绳圈穿过安全带的承重环（腰环和腿环的统称），当绳结完成时还留下 30 厘米的长度，这样可以确保绳结不会松开。当绳结打好后，把绳子的四个部分都拉紧。

最后一种是双环 8 字结，可参考"兔耳结"的打法。如果不用扁带套连接，可以用双环 8 字结的两个环连接两个保护点。每个环都能单独拉长，从而能够适应附属点之间的距离变化。在进行顶绳攀登的时候，这个结在承重时也很容易解开。

如果用双环 8 字结均衡保护站各点的受力，结就应该打得松一些，在最后拉紧之前把每个绳圈调整到合适的长度。后面也许还需要调整，但重要的一点是，因为两个环都套在一把锁上，如果绳圈不够长，在一个绳圈受力的时候另外一个有可能会被拉脱。

二、双布林结

双布林结是一个很有用的绳结，它最突出的特点是承受冲坠后容易解开，因此是攀登难度较高路线并可能脱落多次时的选择，在室内攀岩中同样适用。如果不用安全带，也可以用绳子围腰打一个双布林结，或者下降时将绳子绑在树上作为保护点。多年以来，人们一直乐于使用单布林结，现在双布林结已经渐渐取代了单布林结（图 5-4）。

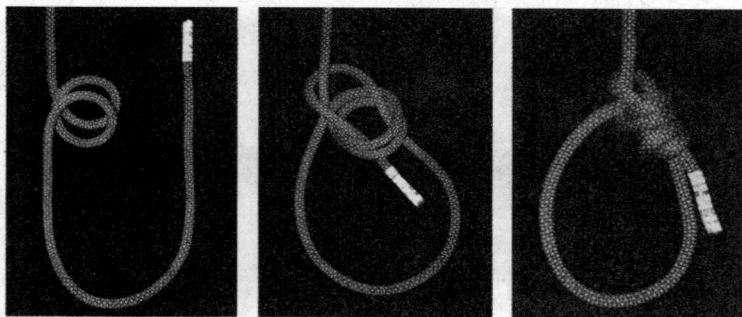

图 5-4 双布林结

双布林结唯一的缺点是，如果打法不对绳结会很容易松开，因此需要在绳尾打一个双渔人结作为防脱结来确保万无一失，而且防脱结要紧贴双布林结的结目。

三、双渔人结

双渔人结是把两条绳子连接在一起的好方法，无论是在设置 V 形冰洞时，制作绳套时，还是在双绳下降中连接两条绳索时，都有可能用到双渔人结（图 5-5）。攀登者在安全带上打上保护绳结之后，双渔人结一般被用作保护绳结的防脱结。

图 5-5　双渔人结展开图

四、双套结

这是登山运动各个领域中都运用广泛的绳结。它打法简单，易于调整，能把攀登者和保护系统安全地结合在一起，还便于攀登者单手完成绳结。当需要在抓住岩石或冰镐的同时还要固定保护点时，双套结的优点就显现出来了（图 5-6）。

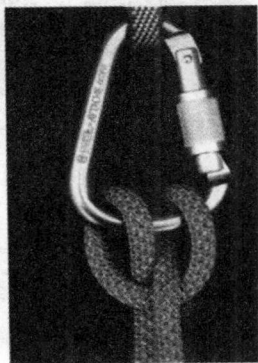

图 5-6　双套结

最好将双套结挂在 HMS 梨形铁锁上，也可以把它挂在 D 形锁上，但要确保绳结打法正确，没有自身交错；否则绳结会变得难于调整，也不再安全。

理论上，双套结的承重端应该放在远离铁锁开口一侧的绳子上，这个地方是铁锁承受力最高的位置。但在实际操作中则不必担心，因为在正常的条件下，双套结无论正反，承受力都绰绰有余。但是如果试图在一把锁上套一个以上的双套结，则一定要小心，由于承重绳可能和铁锁的承重端有一段距离，因此在锁口处有可能产生杠杆效应。

经过扭转的双套结，经常被用于铁锁以外需要抓紧的位置上，如冬季攀登时绕在冰镐柄上，或是挂在金属桩之类的临时保护点上。当在这些地方打好双套结时，只需要把结目扭转过去即可。

五、半扣结

半扣结有多种用途，可帮助保护、下降以及设置保护急救系统。它看起来有点像双套结，但它不会在承重时自锁。需要强调的一点是，半扣结只用于标有 HMS 的铁锁，这样在操作时才可以避免意外锁死（图 5-7）。

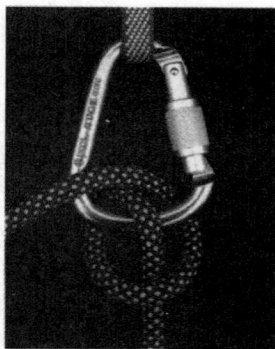

图 5-7　半扣结

用半扣结保护时，可以将半扣直接扣进保护站的承重铁锁里，当绳子的攀爬端和保护端平行且同向时，可以达到最大的制动效果。因此，半扣结应该被置于保护者身后或是其上坡方向，这种做法的好处是跟攀者到达保护位置的时候可以继续向前领攀，用不着重新调整保护，这在登山时非常有用。还有一点，即使在承重状态下它也很容易锁住，只要把绳子的保护端在铁锁或攀爬端上系紧就可以了，这时保护者和跟攀者就可以交换装备，或是做别的事情了。锁住的半扣结可以用作安全系统的副保护，如用来作为法式抓结的后备，即使抓结滑脱，半扣结仍然可以解锁，从而让整个系统既不至于失效，又不至于无法解开。

半扣结也同样可以作为下降的方法，特别是在保护或下降器不小心掉了的时候。下降距离较长时，它会让绳子产生扭结，但只要花一点时间整理绳子，这就不成问题。

和双套结一样，如果练习一下，也可以用单手打半扣结，只要比双套结少绕半圈就好了。但大部分时候还是会在连接保护点的时候或是在平台上时用到这个绳结，需要单手打结的情况少之又少。

六、锁定半扣结

熟练锁定半扣结也是重要的技能，这样说是有很多理由的。尝试练习在系统承重和非承重的状态下锁住和松开半扣结，这种情况有可能在紧急状况下出现。如果在多段攀登时在某个位置用半扣结保护后面的人，在交换装备的时候他们可以安全地被锁住，或者在爬下一段路线时继续待在那个位置上（图 5-8）。

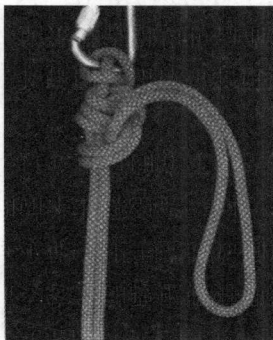

图 5-8 完全锁住的半扣结

为了防止缠绳，最好一开始就把绳结的方向放在铁锁锁背一侧，先用 60 厘米左右的绳圈打一个滑结，和梨形主锁紧密连接，而后再打两个半结，也同样和滑结拉紧，整个过程完成后，确保绳子剩下 30 厘米左右的长度，这样可保证绳结不会解开。

七、法式抓结

法式抓结（图 5-9）的用途很广，如紧急情况下的下降。这种抓结的重要特点是在承重时可以解开，这是其他抓结所不具备的。

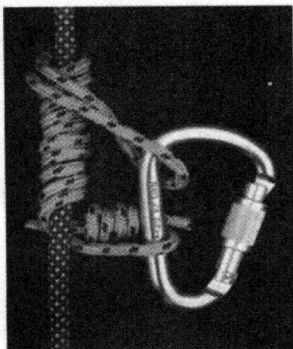

图 5-9　法式抓结

　　绕绳的圈数取决于很多因素，包括绳子的粗细、干湿、新旧等。要记住绕绳的时候不要把连接抓结绳套的渔人结绕进去，否则抓紧的效果就会因此受到影响。如果绕的圈数过多，绳结会难以移动，而如果圈数不够多，则不能很好地抓紧绳子。

　　尽管好的绳结是依靠自身力量发挥作用的，但如果是在紧急情况下使用，最好还是再用一个半扣结来作为后备，以防止滑脱。法式抓结或者其他类似的绳结都不能承受冲坠，因为只要攀登绳在抓结收紧的情况下滑出 1 米的距离，摩擦产生的热量就足以熔断制作抓结的辅绳。

八、克氏抓结

　　克氏抓结（图 5-10）在运送或抬举装备时非常有用，同时在沿绳上升或是脱离系统时也都会用到。它和法式抓结有相似之处，但最主要的不同点是，法式抓结在承重时可以松开，克氏抓结则不行；同时，克氏抓结使用时有方向性，而法式抓结是对称的，在两个方向上都可以使用。

图 5-10　克氏抓结

打克氏抓结的时候要把绳头朝下，抓住绳套远离结目的一端，将绳套的剩余部分整齐地绕在攀登绳上，也可以用扁带，特别是要在较远的保护点上脱离系统时。如果用迪尼玛材质的扁带，通常能够很好地抓紧绳子。和法式抓结一样，绕绳的圈数取决于很多因素，如绳子的粗细等，如果绕的圈数过多的话会很难移动。将绳套长尾的一端向上穿过最初远离结目端的绳圈，然后再沿着绳子受力的方向向下。可以把铁锁挂在这个环上，用来连接需要抓紧的部分。

在向下拉动或是承重的时候，铁锁会使抓结向下拉动较长的绳圈，使整个绳结变紧。如果用克氏抓结沿绳上升，当绳结不承重的时候，不妨把抓结顶部的绳圈向上推一下，这样沿绳滑动抓结会比较轻松。

九、普鲁士抓结

普鲁士抓结是最初发明的抓结，已经逐渐被法式抓结和克氏抓结所取代，不过更适合单手操作，因此常常在紧急情况下使用。普鲁士抓结是对称的，从哪个方向打都一样。

把绳套围着攀登绳多绕几次，缠绕的圈数便表明了抓绳的紧度，一般三圈以内即可。铁锁就挂在最后做成的绳环上，其他的装备也挂在这里（图5-11）。

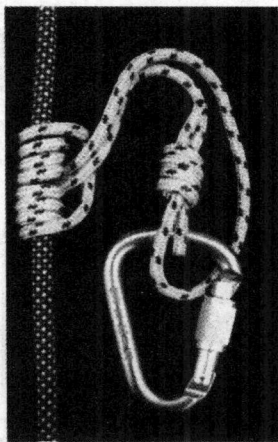

图 5-11　普鲁士抓结

十、巴克曼抓结

巴克曼抓结（图5-12）的原理与法式抓结和克氏抓结类似，不同之处在于巴克曼抓结上有一把锁以便于抓握，特别是在戴着厚手套操作时，抓住铁锁移动绳结将更为容易。巴克曼抓结的主要缺点是它在冻冰的绳子上的抓握能力不强，有时候由于远离铁锁开口的一端和主绳的接触，会导致巴克曼抓结的滑动。

将绳套挂在铁锁上，使铁锁远离开口的一端与绳子贴紧，将绳套在铁锁远离开口的一端和绳索绕上几周。挂东西的时候就从铁锁的底部往上挂。

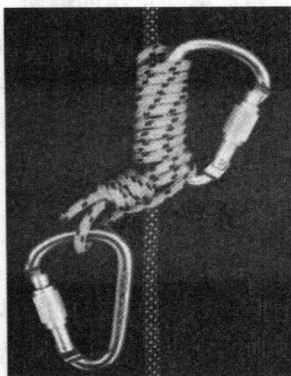

图 5-12　巴克曼抓结

十一、阿尔卑斯套结

这种结可以用在很多地方，代替上升器、单向滑轮或是克氏抓结（在某些情况下）发挥单向自锁的作用。它是由两个铁锁对接而成的，承重时需抓紧主绳。阿尔卑斯套结的特点是单向自锁，只适合收绳而不方便给绳，因此在可能需要给绳的情况下不宜使用该结（图 5-13）。

图 5-13　阿尔卑斯套结

如果在滑轮拖拽系统中用到该结，由此产生的摩擦力会抵消系统的省力效果，尽管可以通过锁住绳结来减小摩擦，达到一定的补偿作用。最好的方法是使用两个梨形铁锁，这种铁锁不会使放入的绳子意外卡住。

十二、平结

在下降的时候有时会用平结来连接两条绳子。背负绳索的时候，如果需要把绳子卷起来，也可以用平结来固定绳尾。打结的时候，只要记住"右压左、左压右"的规则，就能正确地打出一个平结。

十三、蝴蝶结

蝴蝶结（图 5-14）用起来很方便，在结组移动时可系在绳子中间，修路时也可以用到。它的主要优点是双向受力，无论拉动哪一头都不会把绳结拉散。蝴蝶结打起来也很容易，但很多人觉得结组中连接到绳子中段的时候在绳圈上打一个简单的单结效果也是一样的。

图 5-14 蝴蝶结

十四、单套结

这是一种在承重实验中表现不佳的绳结，但通常在两种情况下会用到它。

一种是不用铁锁而将两个扁带套连在一起的时候。很重要的一点是，绳结打好后会很平整，看起来就像一个平结。

另外一种是用来连接牛尾和安全带，用于下降和运动攀登。与其他的用途比起来，单套结用在这里更为便捷、安全（图 5-15）。

图 5-15 系在安全带上的单套结

十五、锁定保护器

这是一项需要掌握的重要技能，在处理某些紧急状况时会用到它。这和锁定半扣结的方法类似——在两个半结之后打一个活结，不同之处是它是系在保护器铁锁的背面而不是正面的，在承重时既可以系上也可以打开，这样做就可以固定住保护器，保持绳子制动端的稳定。

取 60 厘米长的绳圈，打完结后会留下 30 厘米的绳尾。打结时要注意随时收紧绳尾，让保护器处的绳子始终处于绷紧状态。

十六、船夫结

如果周围很多人不用安全带而攀登者恰恰需要爬一段离地较近的距离，船夫结（图 5-16）是一个很好的选择。在绳上打一个 8 字结，接着打一个三渔人结（和双渔人结的打法一样，只不过多绕一圈），8 字结的功能是避免在绳子承重时渔人结滑动，致使缠在腰际的绳子过紧。如果需要还可以根据每个人的腰围做相应调整，以便当绳子承重时，每个人腰上的绳圈都不会过度收紧。

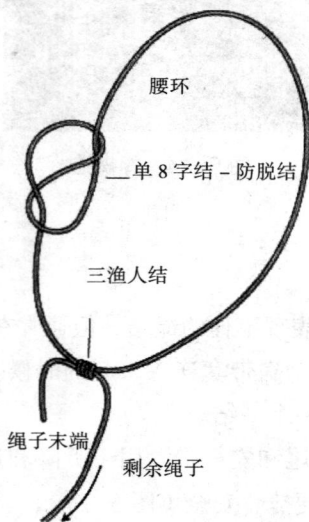

腰环

单 8 字结 - 防脱结

三渔人结

绳子末端

剩余绳子

图 5-16　船夫结

十七、蜘蛛结

蜘蛛结（图 5-17）常被用来套在单独的天然保护点（套绳保护点或者穿绳保护点）上。通常这时手边没有别的装备，如只用一两条绳子或一两条扁带攀爬的时候，就可以用蜘蛛结来准确、迅速地将自己置于正确的保护点上。蜘蛛结需要耗费较多绳长，所以如果保护站距离保护者的站位很远，就不宜使用蜘蛛结。

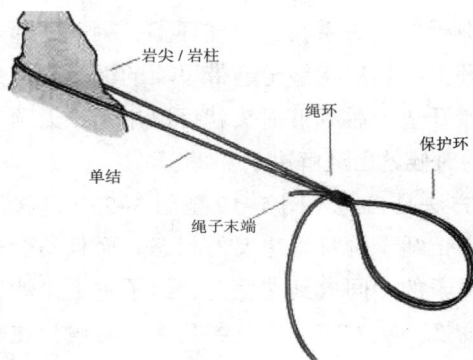

岩尖 / 岩柱
绳环
保护环
单结
绳子末端

图 5-17　蜘蛛结

十八、巴黎鲍德埃尔绳结

这是一种临时制作胸部安全带的方法，在紧急情况下非常有用。选择合适长度的扁带套，一条长 240 厘米或是两条用单套结连接的 120 厘米的扁带套都可以。重要的一点是不能紧紧缠在攀登者的胸部，否则会导致窒息。

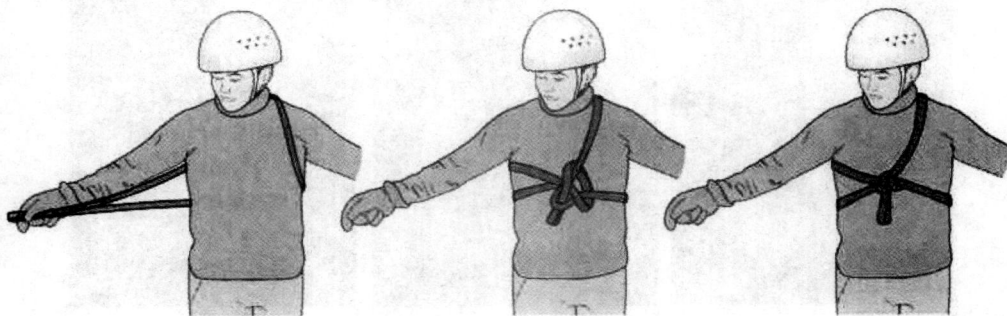

图 5-18　巴黎鲍德埃尔绳结

十九、收绳

携带绳子最好的方法莫过于盘绳或是使用绳包，尽管常常用"卷绳"这样的说法，但把绳子收成一卷的方式对绳子本身并不太好，因为纤维非自然的卷曲不但容易使绳子不易打结解开，久而久之还会对绳索造成损害。

绳包是专门为收纳绳子而设计的装备，实际上就是一个帆布背包，里面有一个防尘罩，由防水材料制成，在垫子的对角上缝有小的挂环，可以把绳头别在上面。使用的时候先把绳子的一头系在一个挂环上，剩下的绳子就堆在垫子上，另外一头系在对边的挂环上，然后将垫子连带里面的绳子裹起来包好。需要用绳的时候，先解开背包，摊开垫子后解下绳头就可以用了，无须专门理绳，因为这个问题在事前放置绳子的时候就已经解决了。

另外一个绕绳的方法是盘绳（图 5-19 至图 5-23），这种方法比起以往的卷绳法的好处在于，可以把绳子调整到想要的状态，而且不会打结，解开的时候也不容易弄乱。首先把绳子的中间放到左手上，绳子垂下，然后向前或向后交替把绳子捋在手上，每次变换一次方向。当还剩几米的时候，在整个绳身靠上的地方绕上几圈，然后做一个绳圈从左手下方的环里穿过去，向下套在绳束上，收紧并固定绳头。

解开绳子的时候，只要把顶部最后的绳圈解开，解开小结后把一个绳头挑出来，其余的绳子就摆在地上，而后可以检查整条绳子是否打结。如果收绳的方法正确，是不会有结出现的。如果想从一个峭壁顶端背绳下降，只需把打好的绳子背起来，绳头放在肩上，在背后将两个绳头交叉，然后拉到前面用平结固定。

图 5-19　开始盘绳　　　图 5-20　在绳束上绕几圈　　　图 5-21　整理好绳尾

图 5-22　背在背上的绳子　　图 5-23　收整好的绳子

第二节　保护技术

为了防止在登山过程中因动作失误引起的意外险情而进行的各种操作，称保护技术。

一、保护技术在登山中的应用

在攀登、下降、渡河、救护等技术操作中，为保证安全，需要各种保护技术同时配合。运动员长时间在岩石或冰雪峭壁、明暗冰雪裂缝、冰坡或岩石滑坡等危险路段进行多次往返行动中，一旦失误，就有滑坠和摔落的危险。通过保护技术可以在出现上述情况时，使险情得以及时控制，或创造运动员逐步从险境中解脱出来的条件。即使在未出现险情的正常情况下，由于行动中有了保护，也会使运动员产生一种安全感，对他们进行大胆快速的技术操作产生一定的心理作用，收到"有备无患"的效果。

二、保护技术和方法

保护技术分为固定保护、行进保护和自我保护三种。

（一）固定保护

固定保护是对行进者或攀登者预设的专门保护。保护者将主绳进行某种固定，选有利位置专门负责保护。在攀登岩石峭壁、冰峭壁等技术操作复杂、危险性大的路段时多被采用。

（1）固定保护的方式根据保护者与被保护者的相对位置可分为交替、上方和下方3种保护方式。

①交替固定保护。登山过程中，结组通过较陡峭危险的地段时，多采用这种保护方式。其具体要求是：一个结组内同时只能有一个人进行攀登，其他人停止攀登进行保护。首先将钢锥或冰镐打入斜坡冰面，作为牢固的支点，将主绳在它上面按特定的要求缠绕。攀登者走完主绳间隔那一段距离后，停下来改做保护者（同上做法）。然后第2人开始攀登，依次反复进行。

②下方固定保护。第1人攀登峭壁时，因上方无人，只能采用下方固定保护，即保护者的位置在攀登者的下方。其保护装置也是将主绳一端在保护者附近固定，另一端交攀登者在身上牢系。攀登者在行进过程中，要不断把主绳挂到自己打入峭壁的新支点上，保护者要随着攀登者的上升，不断做放绳动作。在攀登者失误滑脱时，因牵动保护者的拉力来自上方，故对保护者构不成威胁，一般情况下，下方可不设自我保护装置。

③上方固定保护。这种保护的固定保护者处于被保护者的上方，多在攀登岩石峭壁时采用。保护者在峭壁顶部利用打入的钢锥或自然物将主绳牢牢固定，然后将自己身体也牢结于主绳的相应位置，以防攀登者失误脱落时被牵动。最后将主绳另一端抛给峭壁底部的攀登者。攀登者将绳端牢牢固结于自己身上，通知上方后，便可以行动。保护者要随着攀登者的行进，不断做收绳动作。

（2）固定保护普遍采取站立式保护法、坐式保护法和器械保护法。

①站立式保护法。保护者应首先要选好保护位置，做好自我保护。然后身体侧对岩壁站立。站立时先将前（左或右）腿迈出一步，脚蹬在有利的支点上，腿伸直、脚尖指向攀登者，后腿稍屈成弓箭步，身体重心落在后腿上，形成保护姿势。如果站立重心过高，一旦受力就有被牵动而拉倒的危险。

为了使保护绳不易脱落，保护者应在身上适当缠绕绳束，其方法是：先将保护绳的一端从左或右腋下由里向外在胳膊上绕一圈后握紧绳索，保护绳的上端经背部再从右或左肩搭下，用右、左手在胸前握绳。保护准备工作做好后，就可以通知攀登者进行攀登。随着攀登者的逐渐上升，保护者要不断地将绳索收回，从而起到保护的作用。

收绳方法是左或右臂屈肘拉绳，右或左手臂伸直向回收绳，左或右手沿绳下滑握紧绳，右或左手沿绳上移于胸前握绳，如此反复做收绳动作，保护攀登者不断向上攀登。一旦攀登者失误而脱落，保护者应及时做制动动作，即在两脚站稳的基础上，左或右肩后撤，右或左肩迅速前压，使缠绕在身上的保护绳拉得更紧，从而使脱落者停止下跌。

在下降时，则要做放绳动作，其方法是：在右或左手握紧绳索的前提下，左或右手沿绳上移，并同时将绳放出，左或右手随绳被拉出而移至胸前握绳，待左或右手握紧绳时，右或左手又沿绳下滑至腹前握绳，如此反复动作，绳索就会逐渐放出。

在保护中无论是收绳或放绳，都不要把绳拉得过紧或放得过松，否则，过松就失去了保护作用，过紧则会影响攀登者或下降者的动作操作。

②坐式保护法。这种保护也要首先选好有利地形，做好自我保护。保护者面对被保护者，坐在地上，两腿自然分开，两脚蹬住较凸出的岩石等做支点。

保护者同样应把保护绳在自身上缠绕。将保护绳一端连接被保护者，另一端（即固定一端）经腰部向前拉拢，两手在腹前握住。

收绳方法：右手或左手收绳至腹前，左或右手同时由腹前向外拉绳，收至腹前的右或左手将经腰部缠绕于腹前的两端绳同时握住抓牢。左或右手迅速收回至腰间抓绳，右或左手同时沿绳滑出握绳，准备再次收绳。

放绳方法：右或左手从腹部将绳向外拉出，左或右手顺势握绳收回腹间并抓紧经腰部缠绕于腹前的两端绳索，右或左手此刻迅速收回腰间握绳，左或右手亦同时沿绳向外滑放握绳。

③器械保护法。器械保护法是利用下降器和铁锁进行保护的方法。其保护姿势可根据地形条件采取站立式或坐式。目前，攀岩训练和竞赛中多采用这种方法。其优点是省力、安全、操作简便，但必须具备一定的登山器材，如下降器等。利用下降器保护，首先要安装好保护装置，将绳索按"8"字形缠绕在下降器上，双手分别握紧从下降器绕出来的绳索。

收绳方法，左或右手向下拉绳，右或左手同时将通过下降器缠绕的绳拉紧，如此反复操作。

放绳方法同收绳操作方法相同，但动作的方向相反，将绳逐渐放出即可。

一旦攀登者失误脱落时，可做制动性保护，将一端的绳索向相反方向用力拉紧，就可使绳索停止滑动而使脱落者得到保护。

利用铁锁保护时，要首先选好有利地形，做好自我保护，并安装好保护装置。这种保护实际上是在站立式保护的基础上，又增加了铁锁保护，从而使保护的效果更加完善。这样因脱落造成的牵动力会大大减弱。这种保护的收放绳方法同站立式保护一样，是通过两个铁锁作为支点加大绳索和铁锁的摩擦力而使保护奏效，但保护的制动性较差。

无论是哪种保护，要想一个人用绳索拉住一个同自己体重差不多而又突然下降的物体是绝对不可能的。登山保护技术所以能够奏效，是因为它不仅依赖保护者上肢对保护绳的握力和拉力，而最主要还是借助于来自两方面的摩擦力：一是保护绳在保护者身体上经过一定缠绕而产生的摩擦；二是保护绳在保护者与被保护者之间还有一个支点，上方保护的支点就是崖角，下方保护支点就是攀登者预设的保护装置。这两个支点加大了保护绳的摩擦，加强了安全系数。

（二）行进保护

行进保护是指行进中不预设专人保护，只是在出现险情后攀登者依靠保护装置而采取的一种应急保护。最普通而简便的方法是用主绳将 2～5 名运动员的身体连接构成一个结组。结组行进中，一旦有人失误滚坠，同组其他人都要立刻以最方便的姿势和最快的动作，将冰镐全力插入冰雪、碎石或裂缝中，以期通过固定自己的身体而拉住滚坠者。

（三）自我保护

不管是行进保护还是固定保护，攀登者一旦失误，都不能消极地依赖别人的保护，而要尽量做出各种自救动作，这就是自我保护。特别是在行进中，如果失误滑坠，就要在高呼"保护"的同时，迅速将身体成俯卧姿势，并用全力使冰镐尖与坡面摩擦，以减低下滑速度。

三、保护注意事项

（1）保护前对所使用的工具（如绳索等）应进行认真的检查。

（2）选择的保护地点要安全可靠，有利于保护者的操作。禁止在雪崩、冰崩、滚石区进行保护。

（3）在攀登岩石峭壁等的保护中，一定要随时观察绳索是否有磨损情况，如果有，一定要进行处理。在被保护者未到达安全地点前，保护者的注意力一定要集中，以高度负责精神克服一切困难完成保护任务。

（4）保护者首先要做好自我保护装置，并戴好手套和安全帽。

（5）保持镇静，听从指挥。保护者和被保护者在未联系好之前，都不要急于操作。

第三节　上升技术

一、"之"字形攀登法

在攀登比较陡险的草坡、碎石坡或者冰雪坡面时，为减少直线上攀所产生的难度和滑坠，折蛇形路线可延缓坡度。形似"之"字，故名。

二、三拍法

这是攀越陡峭雪坡时的基本方法。如果在较硬的坡上攀登时，按照三个步骤进行。

（1）双手横握冰斧头的两边，将斧底钉插进斜坡雪内。

（2）随即以脚尖用力踢破雪的表层，构成一个支点。

（3）再将另一只脚提上前，踢破另一部分雪的表层，再构成一个支点。

因按照三个步骤构成等高的台阶形脚迹逐步上攀，故名"三拍法"。

第四节　下降技术

在45°以下的坡面下降，因危险较小，一般不需要特殊的装备和技术，可在冰镐辅助下自然进行。

在45°以上的陡坡、峭壁下降，则必须有一定的装备和技术。其下降方法有以下几种。

一、三点固定下降法

三点固定下降法是岩石作业下降技术的基本方法，其所用工具简单，便于开展。其方法是利用双手、双脚握或蹬牢3个支点，然后移动第4个支点。这种下降法比三点固定攀登更加困难，因此一定要设上方固定保护。

二、利用器械下降

利用器械下降是最常用的一种方法。原理是利用主绳同连接于身体上的一定器械之间的摩擦，减缓并控制下滑速度，从而达到下降目的。

（一）利用下降器下降

将主绳一端在峭壁顶部固定，另一端抛至下方，下降者在腰部系好安全带，腹前挂好铁锁，然后将主绳按"八"字形缠绕于下降器上；再将下降器和铁锁连接，左手握主绳上端，右手在胯后紧握从下降器穿绕出来的主绳。下降者面向岩壁，两腿分开约成80°角，蹬住崖棱，身体后坐，使躯干与下肢约成100°角，将上方主绳搭于崖棱上之后，便可开始下降。

这种方法的下降动作要领是：下降时两腿分开，手拉紧主绳，将左手上方的绳子搭于崖棱后，左右脚上下支撑，用前脚掌蹬住岩壁，开始下降，先臀部后坐，同时右手松绳，两脚随身体的下降而迅速向下移步，使之始终保持身体的平衡；如果右手松绳，臀部后坐，而两脚仍停留不动，则会使身体失去平衡而有造成向后翻倒的危险。因此，右手松绳，两脚随身体重心的下移而及时向下倒脚，支撑身体维持平衡是能否顺利下降的关键。右手松绳两脚迅速向下移动，要协调配合，并要有节奏。由于两脚呈上下支撑，身体向右侧倾斜，这样不但便于移动，且可观察下降路线。下降速度的快慢主要看右手松绳的多少。快松绳就要快倒脚，下降速度也就加快，一旦要停止下降，右手只要将主绳拉紧，即刻就可停下来。

为了使初学者尽快掌握下降动作，可增加抓结装置，即用辅助绳一端在主绳上（左手握端）打抓结，另一端固定于腹前安全带上，这两端间的距离约等于臂长。在下降时，左手下移的同时也将抓结捋下，抓结就可牢牢地抓住，从而起到保护作用，防止身体滑脱。

在参加练习的人员较多时，还可增加一条主绳进行保护。采取上方固定保护方法，将绳的下端与下降者连接。这样，不但可增加安全度还可消除初学者的恐惧心理。

（二）单环结下降

在没有下降器的情况下，可用铁锁和单环结连接，代替下降器。这种下降方法和动作要领与利用下降器下降的方法相同。

（三）坐绳下降

这种方法是利用主绳与身体的直接摩擦而下降的。坐绳下降首先要进行准备动作：面向固定绳端，两腿夹住上方固定好的主绳，将身后主绳沿右腿外侧绕至前面，经腹、胸、左肩至背后，拉至右侧，用右手在胯后将其握住，握绳时虎口朝上。

下降方法及动作要领与单环节下降基本相同。此方法适宜在只有主绳的情况下采用。下降时，应身着较厚而耐磨的衣服，一定要熟练掌握动作要领，维持好身体平衡。经右大腿根部的主绳不能移位或脱离，右手始终握住主绳，随身体的下降逐渐松动主绳。下降速度不宜过快，要有节奏。

为了保证安全，初学者可采用双主绳练习，即用一条主绳下降，另一条主绳做上方保护，绳下端连接在下降者的胸绳上或腰部的安全带上，保护者与下降者协调配合完成下降动作。初学者也可用胸绳在上端（右手握绳处）打抓结，这样，一旦动作失误，抓结可起到保护作用。

（四）缘绳下降

在坡度近于 90° 时，可采用缘绳下降法。此方法简单易学，只要有一条主绳就可进行下降操作。

将主绳在陡壁上方固定，余下的主绳扔至崖下，下降者在主绳上打好抓结，另端与腰部安全带上的铁锁连接。抓结到连接处的距离不能过长，也不能过短，以臂伸开能抓住抓结为限。下降者面向固定点，两腿分开站到崖棱时一定要拉紧主绳，并握住抓结，方可开始下降。

1. 下降方法及要领

沿主绳依次向下倒手，在倒手时一手先将抓结捋下，两脚随着双手的下移也同时向下倒步，前脚掌尽量踩住突起的岩石或棱角，以便减轻手臂的负担，倒手和移步要协调配合，要有节奏，两腿稍分开，以便使身体保持平衡，防止东倒西歪。倒手时握主绳的手一定要抓紧。臂长不足倒手有困难时，也可双手沿绳下滑，注意速度不能过快，防止擦伤。初学者也可利用双主绳下降。

2. 下降注意事项

①下降前要有足够的精神准备，消除恐惧心理，要细心、大胆、果断沉着，动作要敏捷、准确。
②下降路线以坡较缓而支点多者为好。
③同样困难程度的路线，应选择较短者，且坡壁的风化程度要小。
④不论采取何种方法下降，都应戴手套操作，防止擦伤。

3. 绳索回收

下降到目的地后必须收回绳索，能否顺利收回，主要在于上方固定的技巧。

一般有以下回收方法。

①活牵引结固定法。在上方固定时利用凸出的岩石或树木做固定点，将主绳绕岩石一圈后，做活牵引结固定。绳子的长端扔至崖下，短的一头与一辅助绳相连接，其连接方法是打混合结。将绳端接好后，也将辅助绳扔至崖下，最后一人下来后，只要将辅助绳拉动，上面的固定就可解开。继续拉动辅助绳，就可一直把主绳拉下来。

②双主绳法。在上方凸出的岩石上的人工支点（打的岩石钢锥）上，用绳套做固定，将主绳双折挂在绳套上，下降者利用双股主绳下来后，拉动有结的一根主绳，便可收回绳索。

第六章　攀岩技术要求

第一节　攀岩动作

攀岩运动技术的掌握是十分重要的。它是攀登好坏的依据，是提高攀登能力、攀登水平的关键，所以必须掌握基本的技术动作。更重要的是，除了学会每个动作之外，还应能够综合地运用，这些都必须经过反复多次的练习。

攀岩的攀登技术可以简单地定义为攀岩者在没有外力的帮助下，靠自身的力量利用手和脚向上攀登的过程，或是在松弛的绳子（绳子仅作为一种保护手段）帮助从下向上攀登的过程。也就是说，攀登者在一些可握支点和一些形状不规则的支点的岩面上，运用各种不同的方式攀登，攀登的动作是不同的。这些方法可保持攀岩者在攀登时的新鲜、刺激、有趣，对攀岩充满激情。

攀登基本的原则（适用于各种方式的攀岩）有以下几点。

（1）手脚协调统一，平稳的移动。

（2）平衡性、灵活性、柔韧性比使蛮劲更有用。

（3）保持身体重心平衡。

（4）耐力比肌肉能力更重要。

（5）保持自己的能量，将重力作用在脚上而不是靠手臂的支撑去实现攀登。

（6）达到的最好效果是合理运用耐力，减少不必要的能量消耗。

（7）放松是很重要的。

攀登的基本动作是将身体的重心放在脚上，因为脚比手臂更适合承受压力。如果脚站不稳，靠手臂拉，会大大消耗攀岩者的体力。重心落在脚上是攀登岩壁正确的姿势，在攀登岩面接近 90° 或完全垂直时，爬到某一高度时，身体应该保持相同的垂直姿势，同时将重心集中在脚上。理由是：第一，垂直姿势是唯一的自然平衡的姿势（易平衡身体），初学者的第一反应是紧贴岩面，这样做可能感到安全，但实际上会使整个身体失去平衡，而且当这种重心不平衡移到脚上时，会造成踩点滑脱；第二，身体垂直时，攀登者的脸不会紧贴岩面，而且视线开阔，便于观察和攀登。这看上去很简单，但只有在岩壁上不停地去练习，才会有进步。

一、脚的动作

除了攀登岩面大于 90° 的岩壁之外，攀登岩壁主要是依靠脚的动作，手只是帮助从一个立足点到下一个立足点时平衡身体。初学者要花很多时间去练脚下的动作，直到能灵活运用为止。一旦意识到站稳后，就可以开始练习许多不同的方法站在支点上。通过练习会发现即使是一块很小的支点，也可对站稳提供一些帮助。脚点踩法的种类很多，下面重点介绍一些实用的方法。

（一）正踩、侧踩

在一般小的脚点上主要有三种踩法：外侧踩、内侧踩、正踩。在踩点时注意踩点的面积，并不是越大越好，尽可能寻找可发力部位。

（二）摩擦点

用鞋底的大部分压在岩面上尽可能产生摩擦力，主要用脚的大趾头发力。初学者应有意识地将力量放在踩点的脚趾上。这个动作尤其是身体悬空时特别有用，如脚下滑，试着压紧岩壁，迅速移动重心，使重心平衡而不脱落。这种技术比踩法要难，所以在练习时要有信心才能在脚上多用力让手省点力，摩擦力越大，站得也越稳。

（三）脚后跟钩

脚后跟钩就是指用脚钩住支点，在有仰角线路的攀登中用得较多。在钩的过程中，伸腿、屈胸，向上直到脚能钩到支点，也可以用脚趾钩住支点。在攀岩中，需要横向移动时，当身体感觉要脱离岩面时，可以寻找旁边的或低于腰部高度的支点用脚钩住，以便挂住身体，使手不受其他支点的限制。脚后跟钩的动作需要攀岩者具有良好的灵活性、柔韧性和肌量，这一动作是多种多样的，需要不断去实践，但它最终的目的是获得"第三只手"，以保持身体平衡。否则，用脚后跟钩就没有必要了。

（四）交换脚

要有好的脚底功夫，基本步骤如下。

（1）在移动脚之前确定你所要的脚点，脚点的大小、方向和位置决定了它的实用性，如果有可能，脚点应低于手点，以减轻上肢的负担。

（2）把脚准确放在脚点的最佳位置，集中放在一点。

（3）将重心平稳过渡到另一个脚点。

（4）站立或移动时保持脚的绝对平稳，移动时以脚踝为中心减少上身的运动。脚的移动可能会使脚滑出脚点，集中力量保持脚的平稳，保持平缓移动重心至两支点之间。

当运用多了之后，脚底功夫就很自然地成为攀岩者的第二本能。

二、手的动作

手的动作远比脚的动作要复杂得多，它根据不同着手点和攀登要求有不同的握法。在攀登过程中，岩壁越陡，仰角越大，手臂所承受的力量越大，着手点也就越大。但也并不都是这样，在角度较小的路线上，手的动作主要是用于保持身体的平衡；当岩壁的角度变陡时，想保持身体的平衡，着手点就变得更加重要，手的动作也变得同样的重要。不管是什么角度的岩壁，在攀登过程中都不要握得太紧，应适当放松，让手灵活些，用最小的抓握力保持身体平衡并使身体移动，抓握得过紧会导致过早疲劳或快速脱落。

在攀登时，应该注意选择着手点。首先，你对攀登路线做出计划，尽量将着手点排出最佳次序。如可能的话，最好是攀登的手领先于肩膀，与肩同宽，或稍宽一点，或有点偏离是最理想的。如果两手之间的距离太大，或手低于肩，攀登就会有困难。但是，在一些不太陡的路线上并不是这样的，手通常放在与肩同高或低于肩膀的位置上。

手抓住岩角的目的是为了使站在岩角上的登山者能保持身体平衡。

手抓岩角最普遍的方法是由上方抓住岩角。初学登山者常误认为只有这一种方法，其实抓直竖的岩角时，可由侧面或从下方向上抓，也可巧妙地用两只手指捏住岩角。

在缺乏岩角的岩壁上，技术纯熟的登山者，只需利用手掌或手指按在稍有凹凸的地方，就可保持身体的平稳，顺利地攀登上去。

但靠手抓岩角的力量使身体向上攀登的方法终究不是正统的登岩法，只是脚踏岩角攀登法的辅助法而已。

因为单靠手抓岩角的登岩法，并非普通登山者所能做到的。初学登山者往往想抓头部上方的岩角，这种举动徒增双手的疲劳而已，对攀登毫无助益。此外，还需尽量避免将肘、膝盖靠在岩角上。但有时候经验丰富的登山者要利用裂缝攀登岩壁，却可利用膝盖、肘与岩壁的摩擦力稳住身体，以便向上爬。初学登山者反而会因此失去平衡，还是避免使用为宜。

攀登岩壁时要保持一定的速度前进，不可中途停顿，但在手抓及脚踏岩角前，一定要先试试岩角是否牢固。踏脚的地方崩了或手抓的岩角掉落而坠落的例子层出不穷，须特别谨慎。

尤其是初学的攀登者，攀登时要用绳索将自己和技术熟练的前辈联结起来，或详细观察前辈们攀登岩壁的动作，就不难发现他们优美的站立姿势，而且手自然地试探岩角，确定岩角牢固后，再慎重地一步步爬上去，眼睛则自由自在地往上扫视，找寻可以抓、踏的岩角。

第二节　裂缝攀登

攀岩的种类有很多，裂隙攀岩就是其中一种。裂隙是岩壁上绽开的缝，是岩壁上最显著的特征。裂隙攀岩的原则技巧比较单纯，可根据裂隙大小的不同，进行调整。

一、练习

任何事情都不是一开始接触就能够熟练掌握的。找到恰当的裂缝，挂上一条绳子，上上下下重复好几次，直到熟练技巧为止。如果基本技巧熟练，就可以在攀岩的过程中从容以对。

二、不执着于难度系数

每个人的手脚、身下都不一样，所以有关攀岩技巧，每个人实际体验之后，可能需要做稍许的调整。另外，对一个人是很轻松的手掌裂隙，对一个较大块头的人来说，就是比较难的小手裂隙。而一条路线就只有一个难度指数，这个难度指数通常是为"一般身材"的人定义的，但是到底怎样才是一般身材呢？没有人知道。所以，攀岩裂隙，要看大小，不要执着于难度系数。

三、脚法是关键

像岩面攀岩一样，脚法也很关键。用脚方法好，可以减轻很多手臂需要消耗的力量。尤其在很多难用岩隙脚法的大小，手法也相对地没有那么牢固。尽管找到的岩面脚点很小，或者是攀岩鞋和岩壁只有些许的接触面积，也可以让看似不可能的裂隙变得可能。

第三节　平衡攀登技术

一、平衡攀登的基础

（1）找到脚点后应依据技巧平稳地站住，切忌因姿势改变而任意变动。

（2）着手点一般使用推压方式比上拉方式更为省力。

（3）不可在一个费力的姿势上停留过久，应保持攀登的连续性。

（4）使用较有力的部位，也就是能用脚站立，就不要用手去拉。

二、平衡攀登的基本原则

用脚：每次向上移动时，应利用脚来支撑体重，不要用手像拉单杠一样用力，手仅用来维持平衡。因此，攀登时不要一味地往上寻找着手点，而是让眼光下移，好的脚点是成功的一半。

三点固定：要移动手或脚时，应将重心移至其余三点，保持平衡后才可将该点的力量移动。

三、平衡技术动作练习

（一）斜板攀登

身体重心离开岩面，保持身体直立是攀登最基本的姿势。若对脚信心不足，上体贴紧岩面，攀登更费力；要相信自己的脚，上体离开岩面，重心落在脚，既平稳又轻松。

在难度高的斜板上，为了抬高脚完成动作，柔韧性显得尤为重要。如果抓不住上方的点，垫高脚就能抓到了。

让身体重心平均落在脚上，保持直立的攀登姿势，移动脚步稳而准确。优美而轻巧的攀登，不要因快速移动而加大支撑力量。在斜板上攀爬，只有休息时才用外侧踩法，移动时不用。

（二）岩面攀登

岩面攀登应注意以下几点。

①观察路线；②脚移动至下一个脚点，同时手用力（维持平衡）；③锁住；④手移动至下一着手点。

在接近垂直的岩面，转动身体，让身体靠向岩壁，这种典型的姿势可使手支撑向外的拉力减小，增加往岩壁靠的力量。

脚的位置对向上攀登有很大的影响：太高，一开始的移动只能靠手拉；太低，在抓到下一个着手点之前脚就悬空了。脚位置太低，身体拉得太长了，也不利于发力。

（三）仰角攀登

即使是平缓的室内攀岩，有些路线上也有部分区域向外伸展，带有一定的仰角，有的整个岩壁都向外伸。攀登过程中，虽然你不能直接使身体重心落在脚上，但脚底功夫在这种情况下就显得比其他因素更为重要。因为遇到这种情况，即使是最薄弱的脚点都会承担许多本是手臂承担的力量。在攀登时，试着尽可能地伸直手臂，因为当手臂弯曲时，更容易产生疲劳。从理论上讲，当腿向上抬时，手仅是起到一个平衡身体的作用，它使身体尽可能靠在岩壁上，但这很难做到。同时，最好避免大距离的伸展，因为在整个攀爬过程中，这种要求另一只手臂紧紧握住支点的姿势，在直立的岩面上不可能紧紧地有力握住支点。当紧握住一个支点时，尽量使手靠近肩膀，肘关节紧靠身体一侧。如果在攀登时觉得特别费劲，这是极好的建议。

角度很陡而又需跨越大距离时，上体斜靠岩壁，用一只脚的外侧和另一只脚的内侧紧贴岩壁而站，转髋用两脚蹬住岩壁，重心落在双脚上。向上移动左手，左脚做向下、向里的动作，这就使左脚与紧握点的右手达到稳定。抓好左边的着手点后，有时需转动身体向另一个方向移动，这样右手也可以向上移动。

（四）动态攀登

动态攀登是叙述攀岩者支撑越过一个点到达另一个点的又一种方法。动态攀登的范围是 15 厘米的跳跃动作，攀岩者完全离开岩壁，跳到所要达到的高度并迅速抓住着手点。动态是许多较大难度的室内攀岩的必需条件，正确地运用动态是攀岩竞技，需要身体各部位很好的协调和精确的时间控制。

通常情况下，动态攀登是在悬垂区域内进行的，它可以实现两个点之间的长距离的跨越，但并不都是这样的。有时候可以实现从一个小点到另一个根本没有办法握住的点。在特殊场合下，手臂须单独完成挺伸的动作，脚挂在空中。动态攀登一般是手臂实现的爆发性攀越，并以脚蹬离脚点的推力为辅助力量。手臂垂直向下悬挂，双腿弯曲，准备跳跃。开始跳跃的时候，手臂不要上下拉伸，这样只会消耗身体的能量。眼睛盯住目标点，以准确地抓住它。进行跳跃时，一只手得向上伸，以便达到所要达到的支点。在理论上，攀岩者运用跳跃的优点是力量不足的那一瞬间（发生在顶点时）准确地抓住点。但别忘了，实际上目标点可能不是出现在眼前的地方。

动态攀登不再是在普通岩壁上大幅度跨越的唯一选择方法。人在支点上悬挂时，完全凭借腹肌的力量，摆动相对应的手和脚（左手对右腿），将膝挂钩在手臂肘关节上时，扭转身体向岩壁，一腿向上攀，另一条腿发力，并有控制地伸向下一个支点。在激烈的情况下（事实上任何情况下使用这种动作都是极为激烈的），膝盖弯曲绕在手腕上，这样会获得更远的距离，这种技巧在人工岩壁上经常使用。

第四节　器械攀登技术

当一些岩面用正常的方法无法进行攀登时，可以考虑利用器械进行攀登。利用器械攀登的方法很多，着重介绍以下几种。

一、上升器攀登

将主绳的一端在上方固定好，另一端扔到岩壁下方。将上升器扣入主绳，然后将保护绳套、铁锁、下降与安全带连接。检查安全后，开始攀登。攀登时手和脚要协调配合。

二、抓结攀登

抓结是一种绳结，利用抓结攀登是在没有上升器的情况下采用的。其连接的方法是用两根辅助绳在主绳上打成抓结（手握端），另一端打成双套结（连脚端），不断向上攀登。其攀登的方法及要领与用上升器攀登方法一样，都是抬腿提膝使拉紧了的辅助绳松弛，将上升器沿主绳向上推进到不能再推为止，脚随之下蹬，身体重心一侧上移，另一侧也如此动作，反复进行，直到要到达的地方。在操作过程中，注意保持身体平衡，始终保持面向岩壁的姿势，动作要协调、有节奏。

第五节　悬垂下降技术

悬垂下降使用于不能采用普通下降的场合。例如，日落后遇到断崖时或山难救助等。

使用悬垂下降时最重要的是支点，一定要事先详细查看是否牢固。不管是用岩角、树木或钢钉做支点，悬挂重力都不能忽略这一点。

利用岩角做支点时，要先看看岩角是否已被风化，并避免用脆弱的、会滑会摇动的岩角。

利用树木时，绝对不能用枯木，一定要找活树才行。矮松根是一种很好的支点，如一棵树不够粗时，可一次用两三棵。

利用钢钉时，一定要钉牢，而利用别人留在岩场的旧钢钉前，必须先检查、试验，如果已松动就要重新打牢，或另找别的小裂隙重新打钢钉。

在支点上挂绳索，有下列三种方法。

（1）将绳索在支点上绕两圈，直接悬挂在支点上。

（2）用短绳做成绳圈套在支点上，再把绳索悬挂在绳圈上。

（3）在绳圈上再加一个钢圈或铁环，然后将绳索悬挂在钢圈或铁环上。

最常使用的是绳圈悬挂法，如做绳圈的绳索太短时，可用辅助的绳索充当。

悬垂时，身体的悬挂法虽有许多种，但大都使用简便、实用的肩膀悬挂法。另有一种由颈部悬挂法演变而成的肩膀悬挂法。两种肩膀悬挂法到底哪种最佳，通常不能十分肯定，但就安定感来说，以前者较优。悬垂下降时千万不能用力太猛，一定要平滑而且缓慢地下降，太快了极易引起危险。

悬垂的成败关键在出发时，如登山者一开始即能保持正确的悬垂姿势，就可顺利地达到目的，如面临断崖，除非技术纯熟的登山者，否则不可冒险悬垂。

悬垂时，上身要尽量与岩壁保持距离，双手交互松开移动，切忌双掌同时松开，以免坠落。

其他还有手腕悬挂法，但这只能用于倾斜度不大的地方。

悬垂完毕后要收回绳索，但有时（尤其直接悬挂在支点时）因悬垂时的重量，使绳索卡在支点上拉不下来。此时，可在下面将绳索做波浪形抖动后再拉，但这种方法也不一定有效，所以悬挂时还是尽量利用绳圈、钢圈为宜。

但用绳圈、钢圈有时也会无法收回绳索，所以当第一个人悬垂下去时，就要拉拉绳子，如已卡住，就要通知上面的人，再查看支点的情形，保证人身安全。

第七章　大岩壁攀登技巧

这类归在攀岩上升里，这类路线一般来说全部是岩石，当然也不绝对。完成这类路线最少要一天，有些困难的大岩壁路线可能会需要一周甚至更长的时间。队伍在每天的最高点，一处合适的狭长突出部分或者是自带的吊帐睡觉或者下降回出发点，第二天沿固定绳再返回最高点。

这些在全球最艰难、最长的岩石路线上使用的技术，也转用在极高海拔山峰的超大岩壁攀登中，使极其艰难的上升得以实现。这里需要将大岩壁攀登和探险技术混合起来使用，反映了很多人的终极攀登成就。

第一节　拖拽技巧

拖拽是大岩壁攀登中最繁重的工作，只能这么做才能把装备都拉上来。每完成一段路线之后，为了下一段路线做准备，都要设置拖拽系统向上拉包，并将其妥善放置。

设置拖拽系统有许多办法，最简单的就是一把一把地往上拖，效率不高，效果也不好。复杂的拖拽系统需要花时间设置，但可以使实际的拖拽工作非常轻松，下面介绍几种。

一、简单拖拽系统

简单拖拽系统，设置起来最迅速，适用于拖拽重量轻的东西（图7-1）。保护点上安置一把主锁和一个滑轮，最好是有自锁功能的。从滑轮里出来的绳制动端上加一个上升器，上升器上面系着一条扁带套。这条扁带套可以用作脚环，用脚向下踩就能将需要牵引的包向上拖拽了。也可以在活绳那边再加一个上升器，这样在向下踩的同时可以用手在那边向上拉。当被牵引的包稍微上升之后，自锁滑轮会拉住它的重量，同时攀登者可以重新安排上升器在绳子上的位置，不断重复这样一个过程即可。

图 7-1　简单拖拽系统

二、改进拖拽系统

如果牵引物更重一些，就需要在传动装置上稍做改良。顶部保持不变，还是绳子通过自锁滑轮。活绳上扣一个上升器，这样绳子向上拉动后，会被上升器抓住，绳子制动端这部分用一个小一点的滑轮跟这个上升器连接。向上拉动制动端就是提升牵引物，顶部的自锁滑轮可以在需要的时候把上升器回退就位（图 7-2）。

图 7-2　改进拖拽系统

这套系统的好处在于，只需要用牵引物重量一半的力就能提升它，这意味着如果牵引物重 80 千克，移动它只需要 40 千克的力。与上面的简单拖拽系统相比，改进是显著的。这套系统的缺点是每次拉动，牵引物只能上升一小段距离，因为每次绳子只能向上提拉非常有限的距离，而且是用手臂肌肉的力量而不是更强壮的腿部肌肉力量。

三、技术拖拽系统

这种方法可以用来处理非常重的包，整个过程也相对轻松。它的缺点跟前面介绍的系统一样，每次拉动绳子，拽包只能移动一小段距离，但是考虑到它的优点，设置这么一套系统还是值得的（图 7-3）。

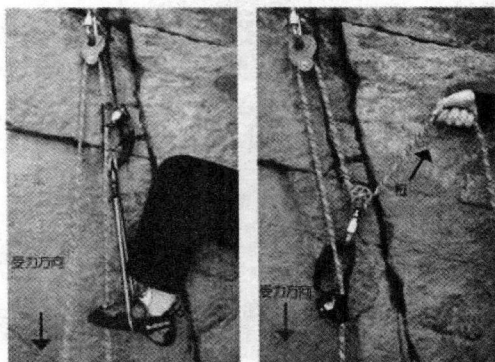

图 7-3　技术拖拽系统

该系统与上面介绍的改良拖拽系统设置一样。制动绳末端，或者另外一段合适的绳子，可以用来增加机械优势。一般用一个 8 字结把这段绳扣在一处合适的保护点上，再用一个滑轮把上升器或者绳夹（或者自锁滑轮）连接到这段绳子上，绳夹再连接到从第一个系统上甩下来的制动绳上，这样向上拉它就能锁住，向上拉动绳子末端就能提升拖拽包了。

如果向下拉动能够更好地适应保护点的话，那么也可以把系统设置成那样。这次不是把富余绳末端系在保护点上，而是连在原系统制动绳上的那个上升器或者绳夹上。这段绳穿过了保护点，拉动通过了保护点的制动端绳子，就可以提升拖拽包了。

第二节　器械攀登技巧

很多路线都需要使用一处或多处器械保护点。只要拉的、踩的地方不是岩石，就算是器械攀登。简单的可以是拉一处放置好的岩塞使攀登者可以够到一个更高的点；复杂的可以是连续多天的攀爬，需要用到很多装备（包括扁带套和绳梯）的路线（图7-4）。

图7-4　用绳梯进行器械攀登

任何包括器械攀登动作的路线，在路线说明中都会对需要用到器械的部分进行详细的说明。因此，到达需要用器械的地方时也不会感到突然。在大岩壁使用器械之前，应该具有使用该器械的经验。事实上，很多单段攀登也有一处或多处需要用到器械的地方。之前没有试过，找一小块合适的地形，花点时间练习使用扁带和绳梯还是划算的。

确保手边上带有足够的装备，不管是随身带着的或是从保护者那里通过拖拽绳拉上来的。身上扣着两套绳梯，在合适的位置扣一些扁带套。在安全带保护环上面扣一根短牛尾或一段短快挂，也是很有用的。

到达器械攀登点时，尽可能高地设置一个器械然后在上面扣上一套绳梯，最好使用菲菲钩，这样爬上去之后可以轻松取回。把体重转移到绳梯上确保它能拉得住，如果愿意也可以把攀登绳扣在上面作为移动保护点。沿绳梯向上爬，直到高度破坏了身体平衡，可以使用以下几种办法来站稳。首先，让跟攀者把保护绳拉紧。这会把领攀者拉向顶部的移动保护点，阻止向后倒。另外一种方法适用于外悬的地形，从安全带上用短牛尾把攀登者扣在移动保护点上，然后向后坐。接着就可以往高处够，设置下一个器械，再用第二套绳梯重复这个过程。当攀登者向上爬时，如果使用的是菲菲钩，通过安全带上连接的细绳，第一套绳梯就会被拉出。

站在绳梯上的时候要多加小心，因为攀登者的体重有可能把放置点撕开。除非能确定绳梯非常稳固，否则不要急着把绳子扣上去，否则一旦脱落就会加长冲坠距离。

有些攀登者喜欢用长菊绳替代牛尾，菊绳是一条缝制的扁带，上面有一系列的扁带套。菊绳给攀登者以更多的选择，可以根据从身体到设置点的距离来扣绳，而且效果不错。但要确保攀登者不会脱落，让扁带受到冲击力。

关于器械攀登的方法，上述方法还有很多种变化方式。介绍得如此详细，只是提供了一个好的起点，可以发现什么方法最适合。要记住，攀爬大屋檐需要具备各种陡峭岩面攀爬的技巧，而从一开始这些技巧就完全依赖于放置的器械。

当完成一段绳距的时候，除非这部分用到的装备很少，而且不会在下一段绳距上用到，否则正常来说，会沿绳使用一种后面将会详细介绍的技术把装备提上来，然后用于后面的路段。鉴于此因，会牵引一根拖拽绳，这很可能是一根细的静力绳，这样往上拉装备的时候就可以不使用主绳，避免主绳的磨损。如果第二个队员自己没有携带装备，那么可以用拖拽绳把背包拉上来。另一种选择是领攀者用一根细绳做拖拽绳，第二个队员沿主绳上升。仰角路段上这么做比较好用，过程中第二个队员穿过设置的装备，贴着岩面攀爬，否则会从岩面荡出来很大一段距离。

第三节　安装挂片技巧

如果所在的岩壁太平整了，以至于没办法设置传统保护，要想继续上升除了使用挂片别无他法，那么在这样的地方就可以这么做。另一种可能是，无法设置自然的保护点，而出于某种原因需要设置一整套保护系统。

从一开始就必须了解当地的规定，里面会说明何种情况下才能使用挂片。一般来说，如果没有特别好的理由或者开线者的同意，就不应该在已有路线上安装新的挂片（也就是重修路线）。大多数情况下，只有新路线可以安装挂片，即使是这样，也只能是没有其他选择、当地允许的情况下才可以。

运动攀登路线差不多都用专门的强力电钻安装挂片，过程中采用沿绳下降，不用担心背负的重量。虽然在首攀长路线的时候有时用电钻，但是在一些偏远地点，唯一的选择就是使用手钻，这是个非常耗时又累人的过程，需要特别设计的手钻、钻头、锤子、扳钳、膨胀螺栓和挂片（图7-5）。

图7-5　安装挂片的工具

挑选一处合适的岩面（图7-6），坚固而且基本平整。把钻头放进手钻，垂直对准岩面，先用锤子锤手钻尾端，把钻头打进去一点。一些专门的钻套有内螺纹可以用，也就是说每次锤的时候，钻头在正确的方向上略微旋转。即便如此，每次锤的时候为了让钻头咬进岩面，也应该用手旋转一下。

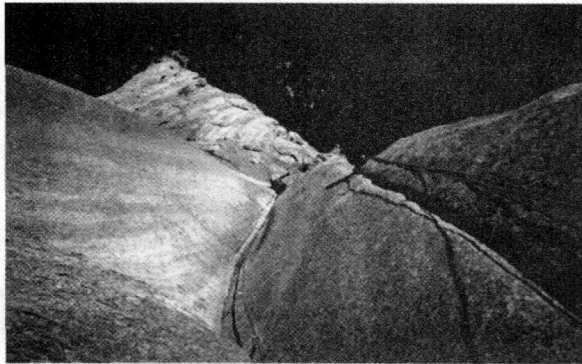

图7-6　典型的大岩壁

继续敲手钻，直到空洞深度大于膨胀螺栓套筒的长度。把手钻挪开放到安全的地方。吹一下钻孔，清除石粉，可以把螺栓和膨胀套筒放进去，用锤子敲到位。完全就位后，把挂片和螺母放上去用扳钳拧紧。

要确保挂片最后处于可以承重的正确方向，不要拧过头，否则膨胀套筒或者螺栓可能会损坏。如果对牢固性有疑问或者挂片松动，可能就需要在附近再钻一处重新安装。

第四节　沿绳上升跟攀技巧

有些路线需要很长时间的领攀，跟攀者也许想沿绳上升而不是每段路线都跟着爬。大家都知道，上升器沿绳上升技术允许跟攀者在完成整段绳距之前有时间休息，同样也让他们可以不费什么力气就清理这段路线上的器材。有很多种方法可以做到这一点，下面详细介绍两种最普通的。

一、使用两个上升器

使用两个上升器的关键是协调。一个连在安全带上，另一个带有用作脚环的扁带套。第二个上升器同样通过扁带连接在安全带上，如果第一个上升器意外滑动或者脱开，它还能作为副保护发挥作用。沿绳上升，把顶部的上升器向上推，身体在安全带里向下坐。第二个上升器上的体重被转移，可以沿绳向上推。扶着这个把手，站在扁带套上。现在顶部的上升器不受力，可以再次移动。就这样循环操作（图 7-7）。

攀登绳

结
保护

连接脚步的扁带套

图 7-7　使用上升器的基本配置

只要有足够的富余绳子，可以用第二个上升器下面的主绳以双套结方式扣在安全带的大铁锁上。如果上升器失效抓不住绳子，这样做可以避免脱落后掉很远。

如果绳子不以直线进入上升器，用第二把铁锁把上升器扣进绳子，穿过上升器顶部凸轮上方的孔，或者较低部分，把手尾部的铁锁孔都可以，这样一来绳子就不会在凸轮部分往上缩了。

二、在安全带上使用上升器和自锁装置

有时候需要更高的机械效率，可能是因为路线太陡峭、负重太重而没有采取拖拽，或者是因为高海拔、筋疲力尽，使用普通方法上升太累了，这时候就需要设置更有机械效率的装置。当然，每次拉动绳子能够上升的距离略有减小，所以需要拉更多次才能上升一段路线，系统需要使用自锁滑轮或者自锁保护器。需要注意的是，这种技术不适合在冻硬或者表面结冰的绳子上使用，因为对此自锁装置抓绳效果不好（图 7-8）。

图 7-8　设置有机械效率的装置沿绳上升

绳子穿过扣在安全带上的自锁滑轮或者保护装置后再扣上升器，让绳子制动端向上通过上升器把手上扣着的主锁，松松地垂在那里，不妨碍抓握上升器就好。用额外的一段辅绳把上升器连接在安全带上作为副保护。

向下坐，把重量加在绳子上，让安全带上的自锁装置承重，把上升器沿绳向上推。抓住上升器把自己拉起，脚踩在岩面上配合，同时向下拉动穿过上升器主锁的绳子。完成之后，向下坐，重复这个步骤。

这种方法的一个好处就是也可以用扁带套连接上升器，如果扁带套足够长就可以让攀登者把脚踩进去进行器械攀登动作。只有在特别陡峭或仰角地形才需要这么干，因为那时候脚没办法踩到岩面借力。为了额外的安全保护，也可以在装置下面的绳子上打双套结。

还可以在安全带上面连接一条牛尾，在站姿或者到达挂绳的平台处时可以用来做保护。摘掉上升器的时候可以把牛尾扣好做保护。

第八章　雪地攀登技巧

第一节　自我确保动作

自我确保动作可以防止一个没踩稳或小滑落转变成严重的跌落。

要做自我确保动作，双脚务必站稳，然后将冰斧的柄尖和握柄直直地压入雪里（图 8-1）。

图 8-1　自我确保动作

（1）在行进时，持续用上坡手握住冰斧的头部（自我确保握法与滑坠制动握法皆可）。走一两步后拔出冰斧，在更上方处将它重新压入雪里。为使自我确保有效，握柄必须在硬雪里插得够深，才可以支撑全部的重量。

（2）滑倒时，一只手要抓紧冰斧的头部，另一只手要握住露出雪面的握柄。成功自我确保的关键，是抓住的握柄部位要在靠近没入雪面的部位，这样拉冰斧的力量才会被深埋的握柄抵住，而这时另一只手紧抓住冰斧头部则是为了避免冰斧脱出雪面。

（3）如果自我确保失败导致失控滑落，必须立即进行滑坠制动。

第二节　滑坠制动技巧

在冰河地形攀登时，滑坠制动可以止住其余队员掉进冰河裂隙中。对一个时常练习且熟练掌握滑坠制动的登山者而言，陡峭的高山雪坡会成为一条通往山顶的快速道路。

练习滑坠制动的时候，所使用的区域必须要谨慎挑选。应该是一个凹坡，如果试图停下来的时候犯了错误，这样的地形可以安全"失败"。要避免大岩石，选择足够的坡度可以实现滑行，但也不能陡得可怕。练习的理想雪面是在旧的硬雪上面有几厘米厚的新雪，而且一直都要佩戴头盔。练习各种类型的滑坠时不宜穿冰爪，万一冰爪尖挂进雪里，脚踝或者腿部就会发生严重的外伤。

组织练习的时候，为了避免没穿冰爪导致意外滑坠，可以在出发位置挖掘供站立用的平台。为了以后来这片雪坡的人考虑，在训练的尾声，把各处的平台都填补好。要穿防水服装，戴手套，因为手要经常和雪接触。每次技术练习都刮得一身雪，可以试试胸前套上一个软帆布背包，这样每次练习的感受就大大不同了。

为了描述方便，尽管练习制动技术的时候两只手要同样熟练，我们假设冰镐抓在左手。因为冰镐要始终处于上坡的一侧，所以要记得自我保护的重要性，相应的要把冰镐在左右手间交替抓握。

一、滑坠制动要领

滑坠制动的目的是将自己停止在一个安全、稳定的位置。完整且成功的滑坠制动要领如下。

（1）脸部朝下向着雪面，把冰斧压在身下。

（2）手牢牢地握住冰斧，一只手以滑坠制动握法将大拇指放置在扁头下方，手掌和其他四指握柄头部鹤嘴，另外一只手握住握柄靠近柄尖处。

（3）将鹤嘴用力压入比你肩膀稍高的雪地里，使扁头靠近颈部和一边肩膀所形成的角。这一点很重要，如果扁头的位置不对，就无法对鹤嘴使出足够的力量。

（4）握柄斜斜越过你的胸前，在接近另一侧臀部处握住。要握住握柄末端近柄尖处，手就不致被柄尖当作转轴绕转而刺到大腿。短冰斧也是同样握法，虽然它的柄尖无法够到另一侧臀部。

（5）把胸部和一边的肩膀用力压在冰斧的握柄上。成功的滑坠制动要把身体的重量落在或压在冰斧上，而不光只是用臂膀的力量。

（6）头部朝雪面，不要往上望，让安全头盔的边缘接触坡面。这种姿势可以让肩膀和前胸不至于抬起来，身体的重量因而可以一直压在冰斧的扁头上。

（7）脸部几乎在雪面上，鼻子可以碰到雪。

（8）背脊要稍微拱离雪坡。这个姿势很重要，它可以使重量压在冰斧头部、双膝及脚趾头上，而这几个地方都是要压入雪里强迫止滑的着力点。向上拉起柄尖端的握柄，使拱起的身体重量移向另一边的肩膀而压入冰斧头部。

（9）两膝抵住雪面，可以减缓在软雪地中滑落的速度。即使是在几乎没有止滑力量的硬雪坡，这样做也有助于身体位置的平衡。

（10）双腿要打直往外张开，脚尖插入雪地。如果穿着冰爪，要把脚抬离地面，用膝盖接触雪面，否则冰爪的齿钉会卡到冰或硬雪，使人栽跟斗，失去控制。

二、基本姿势

正面朝下、头朝上坡的基本姿势很重要，因为其他的姿势都会调整成这种姿势。做对这个姿势是有效制动的关键，所以要花点时间把这个姿势做对。

首先练习在站立时把冰镐置于身前正确的位置，先把冰镐从行走位置拿起来，手转向镐头，这样最后姿势是手向下握住镐头，铲头置于锁骨窝的位置，镐柄斜穿过胸前，指向另一侧的臀部位置，右手握住镐柄尖，保证不会扎入雪中，实际上是为了避免扎到自己（图8-2）。两肘在体侧夹紧，确保看不到镐头，这点很重要，这样不但可以在冰镐碰到硬冰或岩石的时候防止脸被刮伤，还可以直接把体重通过肩膀压在冰镐上。

图8-2　拿冰镐姿势

现在脸朝下躺在平整的雪地上，小腿弯曲上举，确保不会因冰爪尖不扎入雪里导致向后翻倒或者造成其他的伤害事故——当然在练习的时候是不会穿冰爪的。两膝必须分开大约 1 ～ 1.5 倍肩宽，这是为了滑行时保持稳定。背部和腹部必须稍稍抬起，胸部和肩部放低，这样可以使大部分的体重传递到镐头上，这在硬雪上以一定的速度滑行时是非常重要的。

当做好这个基本姿势之后，向坡上移动一段距离，试着做一些动作，向下滑一小段，然后把镐尖稳稳地插入雪中，但不要猛戳，一直保持正确的姿势，直到停下来。随着自信心的增长，可以慢慢加快速度，并增加滑动的距离。这时有一个同伴在身边是很有用的，他们可以在动作有误时予以纠正，如停下来的时候脚离地面太近了，诸如此类。

三、坐式制动

能够有效使用基本姿势进行制动以后，可以引入一种有所变化的制动方式。脸朝外下山时如果滑倒，就会以坐姿的方式滑动，因此冰镐置于正常的位置，靠在肩上，斜穿过身体。这时需要转过来，脸朝向坡面，这么做很关键的一点是要向镐头一侧转动身体。比如，如果左手握住镐头，就向左侧翻身，把身体完全翻过来，变成基本制动的姿势。

重要的是冰镐要成为身体的一部分，不要试图先把冰镐插入雪中再跳过去够它，如果以一定的速度滑动，冰镐很容易就脱出手去，当把冰镐插入雪里的时候，要记住头部离开铲头，当身体停止转动以后，镐尖再插到雪里去。另外，转身时稍稍弯曲双膝，让脚离开雪面，穿冰爪的时候尤其重要。

四、头下脚下俯姿制动

下山的时候很有可能被冰爪绊倒，这样会造成头部向下、脸朝下的滑动。如果雪坡上有一条沟，鞋子可以勾进去的话，练习这个动作的开始姿势就容易多了，这样可以处于准备姿势，而不会马上滑下去。头朝向山下方向，脸朝下趴在雪坡上，双脚勾在雪沟里，握冰镐的姿势与其他技术中的姿势相同，一手持镐头，一手握住柄尖（图 8-3）。如果左手握住镐头，镐尖就尽可能从左侧向外打，插入雪中，和肩膀处于一条直线，往冰镐方向看，不要往坡下看，这样有利于转身。如何把镐尖插入雪中很关键，如果猛戳到雪里，可能会使冰镐从手中滑脱，如果插得不够稳固，进行制动所需要的转动动作的力就不够。

图 8-3　头下脸下制动姿势

　　把脚从雪沟中拿出来沿着雪坡下滑，滑动一段的时候，把冰镐插入雪中，脚向右侧摆动。练习的时候把双膝稍微弯曲，可以帮助双脚离开雪面。滑到一半的时候，大概就是身体在雪坡横过来时，把冰镐抬起来。这个冲力会让你转动，这时拱起后背，把冰镐置于肩部，像往常一样进行制动。重要的一点是要把冰镐从雪里拿出来，然后把这个技术分成两个阶段：转身和制动。如果直到完全转到头朝上的时候再把冰镐从雪里拿出来，就不可能把体重正确地施加在冰镐上，也不可能在下滑时把体重向上拉到冰镐上。

　　确保把冰镐拿出来的时候要和肩膀保持一条直线，但是很容易把它在体前扎入雪中，这就意味着不仅无法有效转动身体，而且攀登者会碰到锋利的铲头，造成惨痛后果。

五、头下脚上仰姿制动

　　如果以一种复杂的方式滑坠，如会大头朝下、脸朝上、背部接触雪坡滑下来。要练习这种情况下的制动，首先需要把上面一种制动练习时的雪沟挖成一个座椅的形状，可以在做出正确的姿势时控制住你不会下滑。

　　现在坐在雪沟里，把脚放下，朝向坡上，然后后背平躺在雪上。把外套上的帽子拉上来，套在头盔上，防止会被磨坏或是阻碍下滑。正常握镐，一手握住镐头，一手握住镐柄尖。假设用左手握镐，从左侧插入雪中，和臀部保持一条直线，左臂伸直，镐尖 50 厘米，右手放在左臀的某个位置，滑动下坡，把镐尖插入雪中，不要太快或是太慢（图 8-4）。通过这个动作产生旋转，双腿向右侧摆动。在摆动的同时，必须把下坡一侧的臀部向上坡方向转，在现在说的情况下就是右侧的臀部。换句话说就是，向镐头的方向做一个仰卧起坐的动作，双脚并拢膝盖微微弯曲，让鞋子远离雪面。

图 8-4 头下脚上制动姿势

现在要做的是把身体绕轴旋转 180°，变成头上脚下、面朝坡面、双脚承重的姿势，当身体转动时，把冰镐从雪中拿出来，然后以正常的方式制动。再次强调，要在两个动作之间把冰镐拿出来，从而把整个过程分成两部分：绕轴旋转和制动，常见的错误是绕轴旋转时转错了方向，这样会像一根木头一样滚下雪坡，这种情况非常危险，不但会加快滑坠的速度，还会翻转冰镐的镐尖。

六、无冰镐制动

滑坠制动也可以不用冰镐，尽管这不能作为防卫保护的第一关，但如果在滑落时丢了冰镐或当放入雪中的时候它从手中脱出来了，这时无冰镐制动可以让人的动作慢下来，甚至停住（图 8-5）。

图 8-5 无冰镐制动

做这项练习时，脸朝下躺在雪地上，头朝向上坡方向，手臂伸出。举起双脚，开始向坡下滑，滑动的时候把脚放到雪面上，鞋底内侧与雪面接触，用手把身体的重量向上推，手臂的摆放必须超过肩宽，并且伸直。完成的动作看起来像是俯卧撑，但是手臂和腿都比俯卧撑的姿势摆得宽一些。

无冰镐制动时要确定使用的是登山靴的边缘部分，而不是脚趾部分，以免损伤攀登者跟腱。另外，实际操作中攀登者会想尽一切办法来让自己慢下来或是停住，但如果穿了冰爪，就不适合这种制动方式。

第三节　沟槽攀登技巧

对于很多登山者来说，冰雪攀登的第一课就是如何在沟槽中上升。由于沟槽与众不同的特性，多使用天然的缺口和岩缝，这些大多相当简单。许多沟槽的攀登难度比较低，给初学者提供了很好的机会，让他们开始了解冰雪知识、冬季绳索系统和攀登的技巧。

有很多难度极大的沟槽攀登的路线提供各种挑战，如岩缝中的大块岩石，上有悬冰和模糊不清的岩阶，还有碎石渠，从上方落下的冰雪和碎石会把线路填成漏斗状。可以这样说，这使下到沟槽中的攀登者非常不爽。

一、保护

沟槽攀登中在使用冰保护点或是雪坡保护点时，如果有冲击负载发生，如可能会遇到的控制领攀者脱落的情况，就需要使用间接保护或腰部保护。还有一个非常重要的问题需要考虑，就是连接到安全带以及保护点上的方式。假设用埋住的冰镐做保护，处于坐式保护点的位置，从保护点到绳子在左手方向，但是通往攀登者的活绳从右手方向伸出来。如果要控制一个长距离的脱落，绳子本身会在保护点、安全带和攀爬者之间拉成一条直线，从而在攀登者身上发生一个扭动的动作，结果是把攀登者拉出平台，失去对绳子的控制。同时，由于被绳子剧烈扭动，会使攀登者后背严重受伤（图8-6、图8-7）。

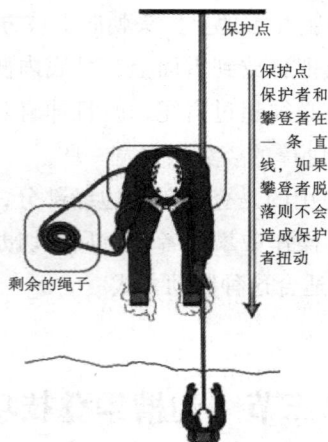

图 8-6　正确的保护姿势

图 8-7　错误的保护姿势

　　另外，很重要的一点是路线走向。如果跟攀者向上攀爬到攀登者所在位置，收回装备后接着领攀下一段路线，那么他攀爬的方向对于两位攀登者的安全来说至关重要，必须提前做好计划。

　　假设在沟槽中间进行保护，面朝外，使用腰式保护。如果攀登者从左手方向向上爬（图 8-8），从攀登者那里拿到剩余装备之后接着领攀，当他们从攀登者身后横穿过沟谷后脱落时，他们已从攀登者的腰式保护脱离开，攀登者无法控制其脱落。相反，如果他们从攀登者下面的右手方向爬上来，然后再从攀登者上方横穿，这样会把绳子绕到攀登者身上。这种情况下如果脱落，绳子会被攀爬者的体重拉紧，被绳子划伤（图8-9）。

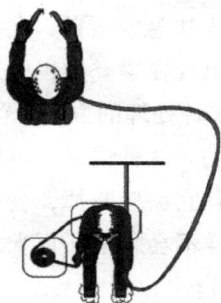

图8-8　从左手方向向上爬

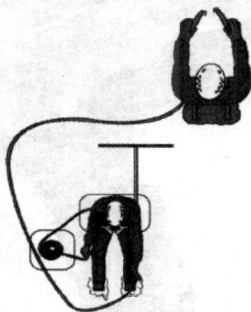

图8-9　从右手方向往上爬

　　因此，需要提前计划然后做出决定。不仅要考虑下一段路线的方向从而决定在沟谷的哪一边适合做保护，而且还要考虑用哪只手控制绳子的制动端，这需要在设置保护点之前就要确定好，特别是保护点的绳子要从坐式保护的哪一边通过。

　　另外一个问题是关于保护者的安全的。在碎石碎冰槽中，对于保护者来说，直接站在主要路段的下方是很莽撞的选择，除非实在无法避免。在一侧选一处平台，最理想的地形是上方有一处突出的岩石作为保护，可以挡住落雪或落冰，把它们弹向其他地方。头盔是绝对必需的，对于所有团队成员都应提醒这一点。领攀者需要注意，如果有任何的碎石碎冰碎雪松动，必须大喊"落石！"或"落冰！"提醒下面的人小心不要被砸到。

　　如果在攀登的初级阶段出现了大规模的冰雪或岩石的松动移位，为所有人的安全考虑，最好放弃这段攀登。天气暖和的时候攀爬沟槽也是非常危险的，特别是冰冻时期被冻在主要岩壁上的岩石，可能会脱落，沿着沟壑冲向下面攀爬的人。

二、雪檐

雪檐是在山脊侧面形成的大块悬空雪盖，尤其是在山谷中，即使不是严重仰角也是非常陡峭的一段，一般出现在攀登过程的最后阶段。攀登者需要采用一定的方式来翻越雪檐，这里有很多种处理的方法。首先，如果雪很软，气温在上升，最简单的建议就是完全避开他们。这种情况下雪檐会非常不稳定，而且重量相当大，站在这样的雪檐下方，一旦它突然断掉，会很危险。在攀爬之前仔细查明雪况，做出一个明智的选择，这样不会爬了几百米之后才发现被超级恐怖和不稳定的伞状雪拦住了去路（图 8-10）。

图 8-10　攀爬雪檐

首先，由于雪檐是由雪构成的，很难有机会设置保护，因此比较好的方法是在雪檐下方不远处找一个小平台，这个平台要偏向一侧，这样在攀登者第一次试爬失败时不会脱落太长的距离——因为没有那么多的绳子伸出去。其次，与直接沿着沟槽向上爬相比，在雪檐的边缘也许能够找到一条简单一点的坡道，可以先探索一下这一可能性，偏到雪檐一侧去寻找可能的路线。

如果这个尝试失败了，攀登者就只能直接向上爬了。如果雪檐很小，只是齐胸高的台阶或是略微外悬，就可以直接往上走。要确保脚要放好，如果需要的话，可以把整个冰镐柄插入雪中，在向上爬的过程中能更好地抓紧。当爬到雪檐边缘时，向顶部伸够，把冰镐远离雪檐边缘，深插入雪中，这个动作能帮助把脚抬起来，如果需要的话可以把冰镐再往回拉一点。当移动身体做最后的动作时，不要把脚跟抬得过高，否则雪会被冰爪尖向外推出移位。在向上爬的同时还要避免使用膝盖，保持平衡，远离任何可能的断裂线。

如果雪檐有点向外悬出，就需要砍掉一些雪，这样向上爬的时候可以保持身体的平衡，还可以用冰镐扁头在雪中挖出一个 U 形的沟槽，然后再用上述方法向上爬（图 8-11）。

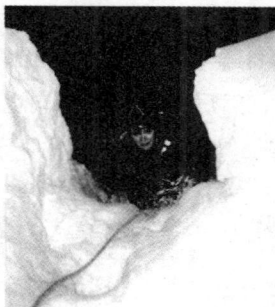

图 8-11　雪檐上的 U 形沟

如果雪檐很大，那么有以下几种选择。第一种方法是下撤，这似乎是认输了，但翻越大雪檐耗费的时间是相当可观的，在夜幕降临或是坏天气快来的时候，下撤是一个好选择。如果想继续的话，就意味着要凿一个隧道。开工之前，必须要保证其稳固性，而且要确保在挖雪时雪檐不会塌下来。

在雪檐里打洞是件非常耗费时间的工作，不仅因为它本身的危险，而且对于大多数人而言，这都是一个高度恐惧的因素。身处雪洞之中，头顶悬着重达几吨的雪，从最底层开始挖雪，一定要全神贯注，集中精力。挖洞通常使用的是冰镐的铲头，在软雪地形也可以使用雪铲，这样可以节约时间完成任务（图 8-12）。

图 8-12　在雪檐中打洞

为了安全，需要在某一个角度从雪檐中穿过，但没有必要为了从一个很低的角度进去而穿过好几米深的雪，稍小于垂直角度的雪坡就可以，这样可以平衡地攀爬。

把上方的雪挖走，让碎雪落到沟谷中，不要落在脚上，阻碍向上走，当然要小心下面是否还有其他人。隧道需要挖得够大，能自在地移动，同时还能容下背上的背包。在很艰苦的条件下，需要花很长时间来挖洞，可以选择摘掉装备包，这样就不用挖那么多的雪，装备包可以用绳子提升上来。挖洞时，要把头巾带上，否则里面较高处的碎雪会钻到衣服里。使用短冰镐向上拉，蠕动着向上爬，注意不要把后背靠在雪上，这样可能会引起这部分雪檐坍塌。到顶以后，把冰镐向距离洞口尽可能远的地方扎下去，然后把自己直着向上拉。

第四节　雪坡攀登技巧

一、攀登雪坡

攀登雪坡需要一套特殊的技巧，而且技巧会随雪坡的软硬和陡缓而异。攀登方向可以是正面向上或斜行而上。

（一）平衡攀登

虽然熟练使用冰斧技巧能够滑坠制动，但还应尽量避免险情。攀登时保持平衡可以避免滑坠。平衡攀登表示每个移动都是由一个平衡的姿势转移到另一个平衡的姿势，避免任何不平衡姿势的出现。

在一个斜行（之字形）上坡路上，平衡的姿势是内脚（上坡脚）在外脚（下坡脚）的前上方，因为这时身体重量平均分摊在两脚上。外脚向前踏时，就处在不平衡状态了，因为内脚不能完全伸展，不能有效运用骨架来减轻肌肉负担，而要承担身体的大部分重量。

斜行上坡可分为两个步骤：从一个平衡的姿势转换为不平衡的姿势，然后又回到平衡的姿势。先从平衡的姿势起步，把冰斧插入前上方的雪地里，做出自我确保的姿势，把外脚（下坡脚）跨到内脚（上坡脚）前方，这个动作会使身体失去平衡，然后再把内脚跨到外脚前方，使身体再度回复到平衡，接着再重新插入冰斧。把身体的重量平均分摊在两脚上，如果是笔直往上爬（而不是斜行），就没有上坡脚（手）、下坡脚（手）之分了。只要用觉得舒服的那只手握住冰斧，然后稳定有序地往上爬即可。无论行进的方向为何，每一步踏出之前都要把冰斧插稳，以得到自我确保。

（二）休息步法

攀登一条长而一望无际的雪坡，会产生毫无进展的挫折感，因为没有什么地标可以衡量进展。登山新手会采用冲一阵、喘一阵的步法，希望能尽快抵达目的地。找出一种可以长时间维持的步调，并维持这种步调前进，才是攻顶的唯一方法。这时的对策就是休息步法，这是一种保持体力的技巧，借着这个技巧，可以按部就班地前进。无论何时，只要双腿或肺部需要一点喘息的机会，就可以采用休息步法。海拔较低时，通常是双腿的肌肉需要休息；高海拔时，则是肺部需要休息。

（三）踢踏步

踢踏步可以消耗最少体力、采取最稳步法，开出一条往上的路径。队员在同一条纵列上移动，以强化并稳固他们所走的步阶。走在队伍最前头的工作最重，不仅要踢踏最原始的雪面，还要负责找出最安全的路径往上爬。

要在雪地里踢出步阶，最有效率的踢法就是跨出一条腿，以自己的重量和冲力来进行。这种方式在软雪坡上的效果很好，如果是较硬的雪坡，踢踏时就需要较多的力气，而步阶往往也比较小、不稳定。

一般登山者对步阶的要求是在直线上坡时能够容纳脚掌，或是在斜行上坡时能达到靴子的一半深度就足够。平直踢入坡地或稍微往内插进坡地的步阶比较稳固，而步阶的空间愈小，就越需要往内插进去。

踢步阶时不要忘记其他人的存在。如果领攀者步阶很平稳、密集，他们就可以很平稳地跟着领攀者的脚步走，同时要顾及那些脚比较小的队员。

跟在向导后面的队员，可以边走边把步阶弄得更稳固。随后的队员脚一定要踢进步阶里，因为光是踩在现成的步阶上并不会安全稳固。在紧密的雪坡，要将脚尖更深地踢进步阶里；在松软的雪坡上，则是由上而下地将靴子踏进步阶，重压脚底使步阶更加稳固。

队伍应经常更换向导以分担较重的工作，轮换时原来的向导应该让到一旁，使队伍接上去。

（四）直线上坡

在长程雪坡攀登中，速度是必须考虑的重点。若是面临坏天气、雪崩、落石等危险，或是找不到好的扎营环境、遇到较困难的下坡等，直线上坡是一个不错的选择。直线上坡时的冰斧技巧会随雪坡状况和陡峭程度的变化而不同。

（1）持杖姿势。如果雪坡的角度低缓或是中等，要以持杖姿势来利用冰斧，以单手（较舒适的那只手）握住冰斧头部来平衡。即使雪坡愈来愈陡，依然可以利用持杖姿势，只要觉得稳固就好。在踏出每一步之前将冰斧稳稳插住，便可做好自我确保（图8-13）。

图8-13　单手持杖

（2）双手把持姿势。当雪坡愈爬愈陡，可转换为双手把持姿势。在继续前行之前，先用双手将冰斧插入雪中，越深越好，然后持续以双手抓住冰斧的头部，或是一只手抓住头部、一只手握住斧柄。这种姿势在坡度较陡的软雪地上尤其好用。

（3）水平姿势。适用于较陡、较硬，但表面有一层软雪覆盖的雪坡。以双手握住冰斧，其中一只手用滑坠制动握法握住冰斧头部，另外一只手握住斧柄尾端靠近柄尖处。将冰斧水平地用力刺进前上方的雪地，鹤嘴朝下，斧柄和身体垂直。这个姿势可使冰斧的鹤嘴深植于底部的硬雪中，而斧柄则在较软的表面雪层上得到着力点。

（五）斜行上坡

当时间和天气状况许可时，可以采取距离较长的斜行上坡，以之字形的方式攀爬中等坡度的雪坡。斜行路径有时会更加困难，因为必须在硬雪上踢出许多蜿蜒的步阶。斜行上坡时的冰斧技巧也会随雪坡状况和陡峭程度而有所不同。

（1）持杖姿势。在中等雪坡上使用持杖姿势可以让冰斧发挥不错的功能。随着坡度变陡，持杖姿势会越来越难操作。

（2）斜跨身体姿势。冰斧和坡面垂直，一只手抓住冰斧头部，另一只手抓住近柄尖、露出雪地外的握柄处，使冰斧斜斜地横在面前，鹤嘴朝外离身。加在冰斧上的重量大部分由握柄承受，握住冰斧头部的那只手只是稳住冰斧而已。

（3）变换方向。斜行上坡往往意味着必须蜿蜒前进，也就是变换方向。不论是用持杖姿势或是用斜跨身体姿势使用冰斧，都需要遵照特别的脚步顺序，才能在之字形路径上安全地变换方向。其顺序如下：①先从一个平衡姿势开始，内脚（上坡脚）这时在外脚（下坡脚）前上方。用力把冰斧直直插入雪地，插入的位置要尽量在直前方。②外脚跨向前，呈现不平衡状态。两手抓住冰斧头部，换成面对雪坡的姿势，也就是把内脚移转向新的行进方向，使双脚变成外八字形时，双手仍要持续握紧冰斧头部。③如果外八字脚在陡坡上站不稳，不妨直接在坡上踢出步阶。④将身体转向新的行进方向，又回到一个平衡姿势。新上坡的脚已经踏在前上方了。

如果是持杖姿势，抓住冰斧的手已经换成新的上坡手了；如果是斜跨身体姿势，握住冰斧头部和握柄的手也已经互换。

（六）横渡

高度不变的长时间水平横渡，能免则免。如果是坡度低缓或中等的软雪地，"侧走"的效果还可以，虽然不比斜行来得舒服或有效率。如果必须在又硬又陡的雪地上横渡，可以面对雪坡，直接用力向前踢出坚稳的步阶。

二、雪坡下降

雪地攀登者的技巧是否高明，下山时有效率、有自信是指标之一。面对下坡时陡峭、暴露感大的雪沟，许多原本胆子大的登山者也会脸色发白。下坡时冰斧必须插得很低，这种姿势和冰斧的握法并不像上山那样令登山者安心。需要熟练下坡的技巧，以减少下山时的忐忑不安。

（一）踏跟步

下山时该用何种技巧，都和上坡时一样取决于雪地的软硬度和角度。如果是坡度低缓的软雪地，只要面向外走下去即可。

（1）脸朝外，脚步毅然往雪坡外踏出，稳固地以脚跟着地，踏出的脚要打直，把身体重心稳稳地换到新位置上。避免将背部往雪坡上靠，以免踩出不稳的步阶或是不小心意外滑落。

（2）膝盖要稍微弯曲、不僵硬，身体稍微前倾以保持平衡。弯曲的程度则要看坡度陡缓（坡度越陡，弯曲的程度越大）以及雪面坚硬程度（雪面越硬，弯曲的程度越大）而定。踏跟步只需脚跟着力就可以站得很稳，如果脚步踏得太浅，大部分的登山者会觉得很不稳靠。

（3）维持稳定的频率，就像军队行进一样，可以帮助维持平衡。抓住自己的规律频率，不要停下来，因为踏跟步在停止与启动之间容易让身体失去平衡。

（4）要以单手握住冰斧（滑坠制动或自我确保握法皆可），柄尖靠近地面，身体前倾，准备将冰斧插入雪地，可以张开或摆动另外一只手臂来维持平衡。有些登山者会以双手握住冰斧做出完全的滑坠制动姿势，一只手抓住冰斧头部，另一只手握住握柄末端，不过双臂比较难做出大动作来保持平衡。

（5）在松软的雪地上要当心深度，以免因踩得太深脚抽不出来而向前跌倒受伤。有些雪地太硬、太陡而难以采用踏跟步，就必须压低身体来下坡，并在踏每一步时尽可能地将冰斧插入雪中，愈低愈好，做好自我确保。

（二）滑降

若是步行上山，那么滑降是一种最快速、最简单，也最有趣的下山方式。它是走路或踏跟步之外的另一个选择，适合于能掌握速度的雪坡上。

滑降可能会造成重大意外，不要在有裂隙或雪檐的地形上滑降，只能在下坡尽头安全且距离较近的地方施展，这样即使滑降失控，也不会受伤。领头带队滑降的人务必非常小心，要时时停下来观看前面的地形。滑降最大的风险是在高速时失控，却又无法做出有效的滑坠制动，这种情况最容易发生在最适合滑降的坚硬的雪坡。

1.滑降的动作要领

（1）滑降之前要先调整装备。脱掉冰爪，把它连同其他坚硬的对象一起放进背包里，冰爪的齿钉可能会卡到雪面导致栽跟斗。穿上雨裤预防裤子弄湿，戴上手套以免雪磨破双手。

（2）随时掌握好冰斧。如果套着冰斧腕带，冰斧会因碰撞而从手中脱出，会飞舞而使攀登者受伤；若不套腕带，又可能会失去冰斧。

（3）混用几项技巧，提高滑降的效率。行进间转换成踏跟步来控制速度；改变方向时不做类似滑雪的转身动作，而是踏到新的方向；在坡度渐缓时用溜冰的方式来维持动能。

2.滑降的主要方法

坐式滑降、站式滑降和半蹲式滑降三种。该用哪种方式要视雪坡的软硬和陡缓、下坡尽头处是否安全，以及滑降技巧是否高明而定。

（1）坐式滑降。这种方法适用于软雪坡，标准的姿势是坐姿挺直，双膝弯曲，鞋底贴着雪地的表面。下滑时要以滑坠制动握法握住冰斧，沿着一侧的雪地滑动柄尖，就像划桨一样，双手都要握在冰斧上，施加压力将柄尖压下有助于降低速度。

双膝弯曲、双脚平放的标准姿势也可以减低速度。这种姿势也适合在一些令人不舒服的雪坡上使用，如结冰或冻得僵硬的雪地、间有冰凹槽或小雪杯（被阳光溶出的小洼地）的雪地，或是布有岩石或灌木丛的雪地。这个姿势比把双腿往前伸出去更稳也更易于掌控，还可以让臀部的摩擦减至最低。

如果要停下来，可以利用柄尖将速度降下来，然后用力把脚跟蹬到雪地里——不能在高速下滑时这么做，否则后果就是倒栽葱。如果要紧急刹车，只要把身体向侧边翻转，做出滑坠制动即可。

坐式滑降时几乎无法转弯，碰到障碍物时最好的方法就是停下来，走到不会直接滑到障碍物的地方再度起滑。

（2）站式滑降。这是最具机动性的滑降技术，也最能避免衣服弄湿和磨破。站式滑降和滑雪下坡的技巧颇为相似：双腿半蹲，膝盖弯曲，两只手臂向外张开。双脚并拢或分开都可以提供稳定性，而一只脚微微向前不但更稳，也可以防止身体头上脚下地往前栽落。并紧双脚、身体前倾超过双脚位置，可以增加速度。

若要减速或停止，可以站起身体、用力踩下脚跟将脚侧转，脚侧缘压入雪里；也可以将身体蹲伏下来，将冰斧柄尖插入雪里，就像半蹲式的滑降技巧。

也可以做一个类似滑雪时的转身动作，把双肩、上半身和膝盖朝翻转的方向扭过去，这样膝盖和脚踝也以同样的方向扭转，使双脚的重量落在靴子的边缘上。

站式滑降在表层覆盖软雪的坚硬雪坡上效果最好。雪坡越软，坡度就必须越陡才能保持速度。在坚硬雪坡上也可以做站式滑降，不过必须是角度较缓且尽头很安全的雪坡才行。如果雪地够硬且坡度极缓，不妨用溜冰的方式下坡。

雪地结构变化的过渡地区会有很多陷阱。如果遇到较软、滑降速度较慢的雪坡，头和身体会突然向前超出双脚，这时要赶紧伸出一只脚往前踏，才能稳住身体。如果碰到的是较硬、滑降速度较快的雪坡或是表面下有冰的雪面，身体要向前多倾一些以防滑倒，以一般制动和横渡的技巧来控制速度。

（3）半蹲式滑降。半蹲式滑降的速度比站式滑降慢，也比较好学。从站式滑降的姿势开始，轻轻往后将身体弯下来，以滑坠制动握法握住冰斧于身体一侧，并将柄尖插入雪里。这个姿势有三个触点，所以比较稳，不过它也比较难以转弯和控制速度。

（三）找坡下山

在觉得滑降或踏跟步都不够安全的陡峭雪坡上，可以面对雪坡、背部朝外往下爬，直接向雪坡踢出步阶，此时要用双手把持姿势握住冰斧来做自我确保。

第五节　绳攀技巧

冰河攀登通常会系上绳索，以预防跌落隐而不见的裂隙。但是，在没有结冰的雪坡上，就不一定要系绳。

结绳攀登的风险不容小觑：一个人跌倒可能会把整个队伍都拉下山谷，而且雪崩和落石的概率更高，队伍的行进速度也较慢。

绳队的确保有好几种不同的方法，可以配合不同的攀登情境和登山能力来施行。

一、团队制动（结绳但未确保）

团队制动要靠每个队员来制动，并为制止其他队员的坠落提供后援。将团队的安全寄托在团队制动之上，只有在某些情况下才有效，如在坡度低缓或中等的冰河或雪坡上，技术较差的队员可以借助技巧高明的伙伴来避免跌落的危险。

依循以下的步骤，可以增加雪坡上团队制动成功的机会。

1. 如果攀登者下面还有其他队员，在手上绕几圈余绳。如果其中一个人跌落，抛出余绳可以在绳子被坠落者拉紧之前多出一点时间，好将冰斧换成自我确保握法来支撑自己。不过，如果手中握住太多余绳，将会增加绳伴的坠落距离。

2. 把最弱的队员排在绳队最后。一般的原则是上山时，技术最差的人应该排在绳队的最后面，下山时则排在头一个。这种安排可以使这位队员跌落造成伤害的最小。由于他在其他队员下方，绳队很快就可以由绳索感受到他的跌势。

3. 攀登时把绳子收短。这种技巧在两人绳队中最好用。如果这个绳队只使用绳子的一部分，一旦一个伙伴坠落，滑坠的距离以及滑坠所带来的拉力都会减少。要将绳索收短，只要把绳索绕几个圈，剩下适当的长度，把绳索绕过绳圈，打一个单结，用一个有锁钩环将这个绳圈扣到安全吊带上，最后将绳圈斜挂在身上（背在一边的肩膀上，绕过另一边的手臂下）。如果绳队上不只两人，中间的一人或数人拿绳子的方向应该朝着带队的人。

4.多路线平行行进。这种方式同样最适合两人绳队。两人齐头并行，中间被绳索分隔。如果其中一人滑落，绳索的拉力会将他摆荡到另一人下方，绳索的拉扯力会比从上方跌落的拉力低。同时，绳索摆荡划过雪面的摩擦力也会吸收掉一些下拉力。有时候上坡踏出两条路径是时间与精力的双重浪费，这时多路线平行行进或许就不切实际了。不过，在坚硬雪地的上坡路段和所有的下坡上，这个方式是不错的选择。

5.绳索运用得当。如绳索摆在队伍行进的下坡侧，容易被绊倒。用下坡手握住绳索，圈成一个小绳圈，可以把绳子收进或放出来调整前后队友的步调。

6.注意绳伴的进度和位置，并随时调整。当绳子绷紧时，有可能是绳子钩挂在雪坡上，或是绳伴处于危险的情况，这时任何加在绳上的多余拉力都可能会将他绊倒。只要有人坠落，就大喊"坠落！"。这样绳队上的所有队员都可以马上做滑坠制动，以避免被拉下去。

二、行进确保法

利用绳索攀登的人可以借助行进确保法在雪地中同时行进，这种方法比一般的确保攀登来得省时，依然具备必要的防护功能。

行进确保法提供了一个中等程度的防护功能，介于团队制动和固定式确保法之间。在团队制动无法成功，而固定式确保法又太浪费时间的情况下，利用行进确保法颇有帮助。例如，在攀爬长程雪壁或雪沟时，行进确保法便能发挥效用。

要使用行进确保法，绳队的领队得视需要在雪中埋设确保装置，用钩环将绳索扣在每个设置好的确保装置上。所有的绳队成员都可以同时继续行进，除了雪地上设有确保装置可以止住滑坠外，其余都和没有确保时一样。中间的队员在行抵每个固定点时，要将他们前方绳子上的钩环解开，改扣在他们后方的绳子上，绳队最后一名队员要负责拆除所有的装置。

三、混合式的防护技巧

攀登长距离的雪坡路线，通常都要快速行进以求攻顶。登山者通常会混合使用结绳和不结绳行进，而且多半未做确保。原则上，他们会使用团队制动或行进确保法，或在攀登过程的某些路段上不使用绳索。确保通常会在较陡、较硬的雪坡上使用，或是在登山者疲惫不堪或有人受伤的情况下。折返永远是值得考虑的选择，如果行程不顺利，不妨选择一条新的路径、另一个目的地，或是干脆折返回家。

第九章 高山冰攀技巧

很多高山峻岭的山顶或周围都会出现冰的踪迹，而发展冰攀的技巧可以增加探索它们的机会。借着适当的技术，也可以让冰变成另外一条通往高山的道路。

想要冰攀，攀登者除了要利用很多在攀岩和雪地里学到的技巧外，还要加上在冰上使用的特殊工具和技巧。身为冰攀者，除了享受攀登冰雪地的特殊喜悦外，也摆脱不了相关灾害的阴霾，如雪崩、艰险的峡谷、不稳定的雪檐、结冰的路障以及冰瀑等。全年都是冰攀的好时机，可以在昼短且昏暗的寒冬里攀爬冰瀑，也可以在昼长而明亮的夏季攀登高山的冰面。

冰可以呈现出多种的面貌，在压力、热度与岁月的持续影响下，雪及其他冻结的降雪、降雨会变成高山冰河、冰原，以及深沟中的高山冰。在高山冰和硬雪之间，并没有清楚的分界线。高山冰有时候会呈现为蓝冰，这样的光泽表示这种冰相当纯净；而黑色的高山冰——又老又硬的冰混杂沙尘、石粒或其他杂质则是另一种常见的冰貌。液态水会结冻形成水冰，水冰有可能如结冻的瀑布般声势惊人，也可能平常如雨淞，也就是降雨和融雪在岩石等表面结冻所形成的一层透明薄冰。雨淞很难攀爬，因为它是一层既薄且脆的冰层，很难为冰斧和冰攀工具提供着力点。比起高山冰，水冰通常较陡、较硬，也较脆，但在高海拔和低温的情况下，这两者其实很难区别。

和雪一样，冰善变且短命。一条岩石路线很可能在数年后，甚至数十年后都还在原地，但今天早上的结冰路线到了下午可能就只剩下一堆混杂的冰岩或湿漉漉的岩石。必须学着预测冰的变化性，因为冰可以展现出各种特性。有些冰就像铁一样坚硬，冰攀工具只能留下轻微的表面刮痕。有些硬冰就像玻璃一样易碎，得先花费很多时间和精力来砍掉这层易碎的表面，才能运用冰攀工具。有些冰面会是松软而具可塑性的，可以轻易踩出安全位置——这是冰攀者的希望。然而，冰也可能会太软而无法提供安全的位置，或是根本无法支撑重量。想要评估冰的相对状况，得先具备足够的经验。

冰攀技巧会因坡度的陡缓而异。在平缓的冰面，如冰河或冻结河流的平坦处，通常不需穿上冰爪便能行走，尤其是在冰面上镶有石块或泥沙时。在短的坡面上，可以使用冰斧砍出步阶；如果是较长的坡段，就得穿上冰爪了。随着坡面角度增加，攀登者可以使用一种技巧——脚掌贴地。这种技巧有其限度，如果路径极为陡峻，就必须使用前爪攀登技巧，也称为德式技巧。

第一节　冰上保护

一、自然穿绳保护点

有时可以利用冰的自然形状设置穿绳保护点，如把扁带套在一根大的垂冰柱上。穿绳保护点的强度完全取决于冰柱基部冰的强度，所以向这种保护点上连接任何系统之前应该小心，这是必不可少的。特别是垂冰柱，可能在结构上不稳固，与低处表面连接的部分附着力又很弱，甚至可能根本就没有接触到底下的冰，只有简单的一层雪掩盖着缺口。这同样适用于垂冰柱的顶部，如垂冰柱从原来的位置掉下来又在下面冻住，往下挖一点就知道怎么回事了。虽然穿绳保护点很方便，但还是要小心确认垂冰柱足够稳固。如果有任何怀疑，就要另找一根垂冰柱了（图9-1）。

图9-1　冰攀

有时冰的质量很难判断，尽管长时间形成的冰比起快速冻结的脆冰要结实一些。在攀登时会得到一些信息，如冰镐或是冰爪下的散碎冰末就提醒冰处于脆弱状态。

还有一些极端的例子，可能需要从冰上天然的洞里钻过去，顺便也就把攀登绳穿进了洞里。这种情况有时发生在混合路线中，当爬完岩壁踏上冰面时，确保绳子没有被向下的冰垂柱拖住，或是被锋利的岩石边缘损坏。

二、冰墩

用冰墩设置保护点是有效的方法，但是稍微耗时一些。冰墩多用于放绳下降或者下降，也可以用作向上攀登时的保护。利用冰墩设置保护点所耗的时间是这种方法不利的一面，另外还挺累人。因此，只有在特殊情况下领攀者才会选择用冰墩做保护。尽管如此，下降过程中可能没有充足的装备完成多段下降，而冰墩保护下降不需要遗留任何装备，哪怕是短短一截辅绳（图9-2）。

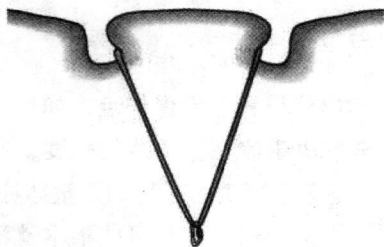

图9-2　冰墩横截面

冰墩和雪墩的形状类似，但是尺度更小。冰墩永远像被加工之前取材的冰一样坚固，所以需要找到一个相当合适的位置，而不能仅仅有好质量的冰（如受冲击后不会粉碎的冰）。考虑到牢固性，建造时要保证冰墩能有足够的深度。查找一处稍微明显的冰凸处比较有利，这样建造冰墩稍微容易些，但是一定要检查以确保凸出部不会造成冰面破碎或者形成其他不合需要的形状。

冰墩直径一般在30厘米，深度大约10厘米。这些数据会根据冰的状况而改变，但是正常来讲宽度不能低于30厘米，否则遭遇脆冰的可能性就太高了，会导致冰墩失效。

开始建造冰墩时，在冰上挑选一块合适的区域，用冰镐尖划出需要去掉的区域的轮廓。这应该是一个马蹄形的区域，底端一定不能交汇，否则强度就会大打折扣。沿着画好的线，用冰镐尖小心地在这个形状周围切割，小心不要切割到或者损害到冰柱的内部。一旦基础轮廓线切好了，将冰镐尖和铲头结合使用，放大轮廓线直到得到想要的形状和深度。顺着上边的边沿看，冰墩应该是一个蘑菇形，在下面构造冰唇，这样绳子或者扁带可以安全地勒在里面不会滑脱。如果要做下降保护点用，绳子可以直接环绕冰柱放置，这样后面收绳就会很简单。如果是做下降或攀爬保护点，应该套一个扁带套，以便在下方合适距离进行保护操作。

三、拧冰锥

过去的冰锥很难拧，需要在轻敲冰锥尾部的同时旋转，再用锤头或者镐尖穿过冰锥上面的孔，摇动，把螺纹完全旋进去（图9-3）。

图 9-3　拧冰锥

设计良好的现代冰锥内径合适、螺纹突出，构造便于旋紧，并且具有好的定型切削齿。选择这四方面表现突出的冰锥，才算把钱花在了地方（图9-4）。

图 9-4　带有旋转挂片孔的冰锥

冰锥设置的好坏取决于旋入那处冰的质量。如果旋紧冰锥的时候，出现像盘子一样的冰面剥落，就应该挪开冰锥，用冰镐去除这些烂冰，把冰壁表面清理出一块足够旋紧冰锥的操作区域，然后继续拧冰锥。

领攀过程中，拧冰锥时最好在腰部位置，与冰面呈90°垂直。不要选择太高的拧锥位置，特别是高出头顶的位置，即使那块地方可能看起来很不错也不行，否则拧锥没效率也不安全。

在质量好的冰面上拧入现代冰锥是相对简单的过程。用冰锥前面的切割齿旋进半圈再旋出，反复 3～4 次，把这处冰壁表面变粗糙以便帮助冰锥"咬"进冰面，然后旋紧冰锥直至完全到位，确保挂片向下，朝着受力的方向，用来旋紧冰锥的任何可折叠的机械柄也要回复正确的位置，以免妨碍到绳子或是快挂（图9-5）。

图 9-5　快挂和冰锥

冰锥的设计是从中心挤压出一段固体的小冰柱，这样可以防止冰壁受力过载或是脱落。小心注意冰锥中心会不会挤出来融化的冰、大的气泡或者是冰柱上有裂缝，如果有这种情况，就换个地方再试试。

从冰壁取出冰锥后，要清除里面残留的冰。将冰锥管放在口袋里稍稍暖和一下，或者用冰洞沟捅一捅，这些方法都可以。要是残冰没有清除又被冻在里面，那冰锥就没法用了。虽然轻轻敲打冰锥头也有助于把冰芯弄出来，还是要小心不要敲到螺纹，这样会对螺纹造成不可挽回的伤害，以后这个冰锥就不好用了。

冰锥使用后需要一点保养，不要就那么放回冰锥包，应该将其完全的干燥。可以涂抹一种主要成分是硅油的润滑剂，尤其是相当长一段时间不准备用这些冰锥的话，不但要防锈，还要保持内腔性能。要定期检查冰锥是否锋利，切割齿有没有毛刺或是变钝。需要磨快冰锥的时候，只能用一把小手锉来完成，而不能用任何的机械磨具。用锉刀小心地磨，保持冰锥切割面的良好形状，如果切割齿有任何变形，其性能就有显著的变化。另外一种选择就是把冰锥寄到专业人员那里，他们会使用专门的机器把冰锥重新磨快。

用作保护站时，冰锥要成双使用，因为承受冲坠时，一根单独的冰锥很容易被拔出来导致保护失效。当一根冰锥周围的破坏范围碰到另外一根的范围时，为了避免表层脱落冰的问题，冰锥要斜着分开 1 米，然后把两根连接在一起，用扁带调整或者是用绳子打结，调整好的冰锥正好承受一半的负载。

如果冰锥直到拧不动了还没完全就位，换句话说就是冰锥碰到了冰面下的岩石无法深入了，为了避免杠杆效应受力，就要配合扁带套使用。可以在冰锥杆上用扁带套打一个双套结，把绳结往里推挨着冰面。如果预料到这种情况，可以把一把快挂扣挂片的那把锁去掉，把扁带直接套在冰锥杆上。现在冰锥可以旋到允许的最深位置，下面连接着的小锁正常扣在扁带上。为了应对冰锥不完全抒入的情况，有些类型的冰锥可以方便地将挂片沿着冰锥杆往下移动，如果习惯爬薄冰的话，就应该去挑选这样的冰锥。

稍长时间使用冰锥保护点的时候，多半是在冰瀑上挂绳或者练习裂缝救援时，由于日照的原因，冰锥保护点的强度要打折扣。对日光的吸收会对冰锥有一点加温作用，会削弱保护点。为了避免这种情况，一旦冰锥在冰面布置好之后，可以在上面压上几厘米厚的雪或者冰，用来遮蔽日光。

四、打冰钩

考虑到承受冲坠力时的抓握力相当低，安放冰钩要小心。这不是冰钩本身的失败，更多的是因为安放冰钩处冰的类型。在陡峭的冰壁上，常选择冰镐尖凿出来的小洞放置冰钩，用来做休息点或者是布置冰锥保护点之前作为临时移动保护点。把冰钩敲进纯冰会导致周围区域受损，降低安放冰钩的安全性。尽管如此，在冰土混合难于操作的地方，如角落里很窄的裂缝，冰钩就很好用。把冰钩推进这些地方，就会抓得很牢，只不过想再拿出来的话是个问题。

五、V 字形冰洞的设置

作为一种冰面保护方法，V 字形冰洞保护很牢固而且用途多样，因为不用留下昂贵的装备，在撤退的时候尤其具有优势。在特定情况下，如就剩下一根冰锥可以用来做保护点，那么其在上升攀登时同样有用。

钻洞的深度取决于冰锥的全长，强度取决于选取的冰面质量。经过一些练习之后，可以很快地布置好。如果合适，可以钻两个或者更多的冰洞连接在一起以分担负载。如果这么做的话，每一套冰洞至少分开 50 厘米。

用配有倾斜挂片的长冰锥来打冰洞最理想，带着冰洞钩也很有用。穿冰洞的绳子或扁带可以是绳包里的富余绳，紧急情况下也可以把绳环解开来用（图9-6）。窄的扁带套也可以，末端用大铁锁简单地扣在一起就可以了。

首先，挑一个区域均匀的冰质，没有可能破裂或粉碎的明显征兆。如果冰很硬，用冰镐敲一个很小的起始冰洞，冰锥与冰面呈 45 ~ 60° 入冰，完全旋入。做冰洞保护要在冰上打两个洞，两洞必须交汇，夹角 60 ~ 90°（图9-7）。退出冰锥，在对侧以相对应的角度旋入，这样切割齿一直钻到第一个洞的末端停止，第二个冰洞开始的点与第一个洞口的距离不得少于 10 厘米。这两个冰洞都要与坡面保持90° 垂直。冰质多种多样，打冰洞的时候有可能看清楚冰锥的轮廓，如此一来估计冰锥的角度就容易些了。

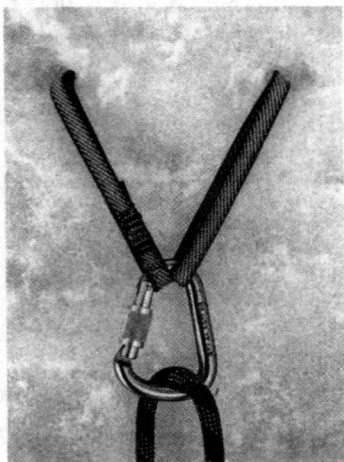

图 9-6　穿过冰洞的扁带套

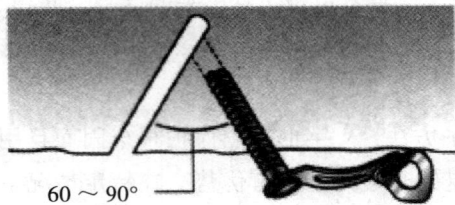

60 ~ 90°

图 9-7　钻冰洞的角度

取下冰锥，把绳子或者扁带穿过冰洞，打绳结或是用主锁扣起来，形成一个受力附着点。要确保绳子（扁带）的顶点，就是负载的受力点所处的角度不超过90°。

如果再打一组冰洞保护点（图 9-8）跟第一组分担负载，与第一组所处位置要成 45° 角，最近的冰洞距离不能少于 50 厘米。如果还要打第三组，遵循同样标准。

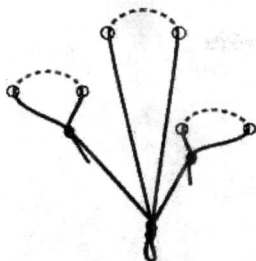

图 9-8　冰洞保护点

六、回收冰锥

在有些极端情况下可能会使用单冰锥下降。虽然其他创建下降保护点的方法更合适、更安全，如 V 字形冰洞、冰墩或者岩石保护点，但是如果珍视装备，要尽可能减小装备的损失，那么本质问题就是能不能收回冰锥。无论如何，要彻底考虑把全部承重都放在一根冰锥上的利弊，如果有任何保护点失效的可能性，都要再找更安全的方法。

冰锥旋进合适的牢固冰面，所有螺纹完全旋入。因为下降用绳处于挂片和冰面之间，挂片应该竖直，距离顶端冰面一小段合适距离，可能是 1 厘米左右。挂片应该竖着朝向上坡，与下降方向呈 180°。

取一段细辅绳用可靠的绳结系在冰锥挂片孔上，如双渔人结。细绳从冰锥顶部开始缠起，与切割齿方向相反。换句话说，如果冰锥旋进去的时候是顺时针方向，细绳就按照逆时针方向缠绕，缠绕的圈数要比冰锥的旋入圈数多几圈。

下降绳越过冰锥，绳中心点在冰锥顶端。不要让冰锥杠杆受力，所以绳子要紧密地贴在冰面上，没有缝隙。下降绳垂下的某一边靠近冰锥的地方打一个小平结，用一把主锁把这个平结和细绳末端扣在一起。

下降完成之后，稳定持续地拉回有平结这边的下降绳，完成回收冰锥的操作。辅绳受力导致冰锥反旋，最后从冰面完全脱出，连在绳子上一起从冰坡上滑落。因为冰锥会朝绳子底部加速滑落，拉绳回收冰锥的时候要小心。与操作无关的人要离开，拉绳的人要仔细观察，以免冰锥落向地面时被碰到（图 9-9）。

如果用的是两条绳子而且颜色不同，就容易记得应该拉哪一条。如果是一样的绳子，在需要拉的这边绳上扣一把能够自由滑动的铁锁，这样下降结束后可以起到提醒的作用。

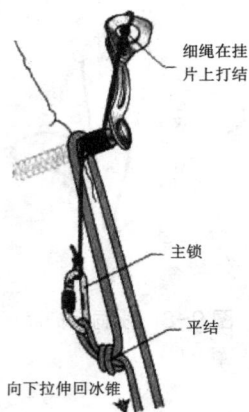

图 9-9　回收冰锥

七、减小冰锥负载

任何一根冰锥承受的负载都应该降到最低。冰锥保护点强度取决于打冰锥处的冰面质量，虽然这些地方很坚固，减小冲坠时冰锥被拉出的可能也是明智的预防措施。

实现的简单方法是在关键处使用缓冲扁带（一种减小冲击力的特殊扁带套）（图 9-10）。缓冲扁带类似快挂中间的扁带，只是它由许多折叠的带子缝制在一起而构成，缝纫的类型和数量是经过仔细计算的。按照设计，缝线在一定的受力情况下会撕裂，冲击力就会被扁带本身吸收，减小了对冰锥的冲击影响。一旦完全撕裂，这种扁带套就变成了一条普通的长扁带套，绳子也没有机会脱开。

图 9-10　扁带套保护冰锥

在多段路线攀爬中使用缓冲扁带是个不错的选择。一离开多段路线的保护站，就要尽快地设置保护，甚至就在保护站位置设好第一个保护点，尽量减小可能的冲坠系数和保护站系统的冲击负载。在这里使用缓冲扁带，意味着在下一段路线起步几个攀爬动作距离内，脱落对系统造成的任何冲击，都会被扁带套缝线的撕裂所减小，从而保护了冰锥和保护站系统。

第二节　高山冰攀技巧

冰攀是一种令人振奋的活动，因为有不断变化的攀登对象与挑战身心的寒冷环境。高山冰攀者必须能迅速而有效率地长征登顶，然后在有限的时间内安全下降。在高山冰壁上，攀登者会找出冰面的低洼处、凹槽和突出区块来敲入冰攀工具、紧抓冰爪和建立确保点。不同于攀岩者，冰攀者并不直接接触山的表面，必须依赖冰攀工具、冰斧和冰爪，也必须使用固定点和可能不稳固的固定支点。

一、不穿冰爪攀登

攀登高山的人常常会碰到一小段冰地或是结冻的雪地，想要不穿冰爪来穿越这些路段，就需要边爬边平衡，从一个平衡姿势转移到另一个平衡姿势。在每个平衡姿势上，内脚（上坡脚）要踏在外脚（下坡脚）的前上方；用上坡手握住冰斧，在身体和双脚都平衡后才可以往前挥移，而且只有在已将冰斧往前挥移时，脚才可以往前移动；把重量从一只脚转顺地移到另外一只脚上，如同斜板攀登一般。攀爬时要留意冰地表面是否有可以作为脚点的不平整处，如冰杯（被太阳照融的小凹陷）或是嵌住的岩石。

如果坡度太陡，无法在攀登时保持平衡，又不打算穿上冰爪，需要另选一条路线前进，或是在冰面上砍出步阶。如果可以快速而有效率地劈砍冰面，砍步阶会是不错的选择。

对最早期的高山冰攀者来说，砍步阶是攀登陡峭冰面和经过硬雪坡时唯一可用的技巧。冰爪的发明使攀登者不常用到这项技巧，但使用这项技巧的机会仍然存在。面对短暂的结冰地形，不至于浪费时间来穿上冰爪，当冰爪损毁、攀登者受伤或经验不足时，就该动手来砍步阶了。就算是已经穿上冰爪，也可以用冰斧砍出一个小步阶，让脚步踩得更稳，或是当作一个可以休息的小平台。此外，也该有能力砍出一个舒服的确保平台。

利用冰斧的扁头来砍出步阶的方法有两种。可以用与冰面几乎平行的动作来回挥动冰斧，做出挥砍步阶，或是将冰斧垂直砍入冰面，挖出一个格洞步阶。在砍步阶时，务必要用腕带将冰斧连接在手腕上，既有助于支撑出力的那只手，又可避免失手把冰斧给丢了。

（一）挥砍步阶

最常使用的砍步阶技巧就是挥砍法，在中等角度的斜坡上来回挥动冰斧。如果要挥砍上坡步阶，先以平衡姿势站好，用内手（上坡手）握住冰斧，砍出两个步阶。用肩膀出力来挥动冰斧，利用冰斧的重量连续挥砍，把步阶上的冰清干净，用扁头把一堆堆的碎冰挖起铲掉，再用扁头和鹤嘴完成步阶。

（二）格洞步阶

格洞步阶使用在较陡峭的冰坡上，每个步阶都要稍微向冰坡里倾斜，以防靴子向下滑动或是滑出步阶外。在比较缓和的斜坡上，步阶可以较浅，只需容下靴子的一小部分即可；但在比较陡峭的斜坡上，步阶要足以容纳靴子的前半部才行，步阶的间距要便于所有队员使用。用来在陡峭冰坡上直接上坡的格洞步阶间距大约与肩膀宽度相同，每个步阶的间距都要容易踏得到。这些步阶既要当作落脚点，也要当作手攀点，所以每个步阶应该要有一个微凸边缘供手攀握之用。

（三）阶梯步阶

如果下山时决定要砍步阶，最简单的方法就是砍出一条由格洞步阶组成的阶梯步阶。如果想要连续砍出两阶，先以平衡姿势站定，面部朝斜坡下望，在站立处下方连续砍出两个步阶。等到新步阶完成，先踏出外脚（下坡脚），再踏出内脚（上坡脚）。如果决定一次砍一阶，依然要先以平衡姿势站定，先砍出外脚（下坡脚）的步阶，然后将外脚向下踏到步阶上，接着再砍出内脚（上坡脚）的步阶，并踏上内脚。有些登山者会选择以垂降的方式下山，而不采用砍步阶的方式。

二、冰爪攀登

冰攀者通常会视坡的陡缓程度、冰面状况、技术能力以及信心高低来利用两种基本技巧——法式技巧和德式技巧。虽然两种技巧各有其优点，但是现在的冰攀者会将两者融合并用。要在变化多端的高山环境中进行冰攀，就必须同时掌握这两种技巧。

（一）法式技巧（脚掌贴地）

法式技巧也称为脚掌贴地，这是攀登平缓到陡峭的冰面或硬雪面时最容易、最有效率的方法。良好的法式技巧不但需要平衡感、韵律感与流畅感，在冰爪和冰斧的运用上也要有信心。

（二）德式技巧（前爪攀登）

前爪攀登是由德国人和奥地利人在攀爬阿尔卑斯山脉东侧较为坚硬的雪地和冰壁时所发明的。有经验的冰攀好手可以通过它登上最陡峻、最艰险的冰峰，一般的攀登者也可以利用它迅速地克服法式技巧很难或无法克服的路段。德式技巧很像直攀雪坡的踢踏步，不过它不是用靴子踢进雪里，而是将冰爪的前爪齿钉踢入冰面，然后直接依靠它站立。和法式技巧一样，良好的前爪攀登动作不但需要平衡感和韵律感，还要把身体的重量平衡地放在冰爪上。无论是将冰爪踢入冰面、装置工具，或是在冰面上攀爬，动作的敏捷都是很重要的。

（三）美式技巧（混合技巧）

现代冰爪技巧由法式和德式技巧演进而来。和攀岩一样，在攀登冰面时踏出的步伐必须敏捷而果断，这样才能维持平衡、减少疲劳。脚掌贴地的技巧一般用于低角度斜坡，冰爪的齿钉也易于刺入这种地形；前爪攀登的技巧大部分使用在坡度陡于 45° 的斜坡和坚硬的冰面上。大部分的登山者会融合运用这两种技巧，有人将这种融合称为美式技巧。

无论采用哪种技巧，最重要的就是在使用冰爪时要快速而有自信。在低缓或中等斜坡上多加练习，有助于培养在陡峭斜坡上所需的技巧、信心和果敢态度。不论是采用法式或德式技巧，在移动时，技术高超的冰攀者会和高明的攀岩者一样审慎周密。踢入冰斧前爪钉齿时要谨慎小心；身体重量由一只脚移到另一只脚时要明快、平顺。大胆是纯熟运用冰爪的必要条件，不要去管所在位置的暴露感，心神要完全集中在攀爬的动作上。大胆并不是蛮勇，它是经验所产生的自信和技术，它是在冰塔与冰峰上多次练习后所培养出来的，同时随着练习路段与困难度的增加而更趋成熟。

这些技巧的任何一种都不限于特定状况下使用，而且各种技巧在许多冰地与雪地情况下都很有用。在练习这些技巧时，要记住"尖锐的冰爪是最好用的冰爪"，只需要身体的重量就可以牢牢地固定住它。

1. 攀登平缓到中等的斜坡（法式技巧）

法式技巧是一种重要的高山冰攀技巧。

（1）双脚平放冰面，比平常多分开一些，避免冰爪齿钉勾到衣物或冰爪束带。每个齿钉都要稳稳地卡在冰面上。以持杖姿势利用冰斧，用自我确保握法握住冰斧。在平缓的坡面上，可以用简单的大踏步开始攀登。为了让鞋底平放在坡面上，有时要灵活弯曲脚踝，而可以让脚踝随意弯曲的靴子有助于让脚掌贴地。若是穿着双重靴，可以把脚踝口的鞋带松开，这样会让脚掌贴地时比较舒服。随着坡度变陡，可以让靴子的旋转朝向山下，以纾解脚踝的拉力。

（2）随着缓坡渐渐变陡，须将双脚往外分开，以鸭步行进。膝盖要保持弯曲，身体重量要靠双脚来平衡，继续用持杖姿势将冰斧当手杖来用。

（3）如果坡度持续变陡而成为中等坡度，以鸭步姿势直接往上爬会让脚踝过度疲劳甚至扭伤，就该以较轻松而舒适的步法斜行上坡。要以脚掌贴地的姿势行走，把所有的冰爪齿钉都压入冰地。在第一次使用这种技巧时，很多人都会想要用冰爪的边缘来踩踏。若是如此，冰爪齿钉可能会滑出冰面，失去平衡。要始终将所有的冰爪齿钉压入冰地，先让双脚指向行进的方向，随着斜坡的陡度增加，让双脚的转动朝向山下，以保持脚掌贴地。随着坡面角度增加，为了要舒缓脚踝的压力，要让靴子指向山下。如此一来，保持脚掌贴地所需的肌肉收缩会来自脚踝前部和膝盖，膝盖会随着坡度而弯曲并往外张开。在最陡峭的斜坡上，膝盖甚至会直接指向山下。

（4）当斜坡的角度从和缓变成中等斜坡，以持杖姿势利用冰斧会很不方便。可以采用斜跨身体姿势，让身体更加稳固。用内手握住柄尖上方的握柄，外手以自我确保握法握住冰斧头部，鹤嘴往前。用力把柄尖插入冰面，冰斧的握柄和冰面垂直。在采用斜跨身体姿势时，大部分的力量要放在抓住握柄的那只手上，而握住冰斧头部的手则负责固定冰斧，不要把身体倾向斜坡。不要使用短式冰斧，要使用标准长度的冰斧，让身体不向冰面倾斜。即使是富有经验的冰攀好手，都难以用短式冰斧做出正确的法式技巧。

以一次两步的走法斜行上坡，这和不穿冰爪攀登雪坡颇多相似。要踏在外脚（下坡脚）的前上方，把外脚踏到内脚前上方，进入不平衡的姿势。把外脚横跨过内脚的膝盖上方，如果只跨过脚踝，身体就会不稳固，下一步就很难跨出去。最后，回复平衡姿势，把内脚踏在外脚前面。身体重量要始终放在冰爪上，不要倾向斜坡，以免冰爪脱出冰面，造成危险。脚要踏在冰面上角度较平缓或有自然不规则凹凸的地方，以减轻脚踝拉力并节省体力。

在斜行上坡的过程中踏出下两步之前，要把冰斧插入前方约一只手臂远的地方。不论是持杖姿势还是斜跨身体姿势，冰斧插的位置要接近攀登者的臀部。

（5）在中等坡度的冰坡上变换方向（之字形）所使用的技巧，和不穿冰爪在雪地里攀爬的技巧是一样的，不过双脚要保持脚掌贴地。从一个平衡的姿势开始，直接把冰斧置入正前方。外脚（下坡脚）往前踏出，踏到大约和另外一只脚相同高度的地方，脚尖微朝山上，进入不平衡的姿势。双手抓住冰斧，转身面向斜坡，内脚（上坡脚）指向新方向并微朝山上。面向斜坡，双脚朝着相反方向分开。如果觉得不稳，可以踢前爪。那只仍然指向原方向的脚，移到另一脚前上方，回复平衡姿势。重新调整握冰斧的姿势，持杖姿势或斜跨身体姿势皆可，又恢复了平衡，面对着新的行进方向。

2. 攀登中等到陡峭的斜坡

如果冰坡的角度更加陡峭，就需要将法式技巧加以变通，有时甚至要采用德式技巧。

（1）法式技巧

为了站得更加稳固，在中等到陡峭的斜坡上，可以把冰斧从斜跨身体姿势变换为确保姿势。脚掌依然要平放在冰面上，每跨一步都要将冰爪底部的所有齿钉压入冰面。为确保姿势利用冰斧，要从一个平衡的姿势开始，用外手（下坡手）抓住冰斧柄尖上方的握柄，然后挥动冰斧，把鹤嘴砍入前上方的冰面里，使握柄与斜坡平行。另外一只手以滑坠制动握法握住冰斧头部，抵住冰斧并往下拉，借着这个力量往前走两步，进入新的平衡姿势。将冰斧往下拉时，力量要和缓而稳定，让冰斧齿列可以稳固地固锁在冰里。要将冰斧松开，只要把握柄往上推，再把鹤嘴往上提，就可以拔出冰斧了。

为了让脚掌平稳地贴着冰面，身体必须益发倾离斜坡，膝盖和脚踝弯曲，而且靴尖的方向会在最陡峭的斜坡上，双脚会指向山下，脚步也会越来越小，变成背对着斜坡往上爬。但仍然要保持平衡，把鹤嘴砍入与拔出。和行进方向同侧的那只脚要略高于另一只脚，上半身才能滑顺地转动，才能更有力地挥动冰斧。

确保姿势利用冰斧时，也可以改变方向，程序和以持杖姿势或斜跨身体姿势利用冰斧时一样。不过，在最陡峭的坡面上，是背向坡面往上跨步，所以只需换手拿冰斧再砍入另一侧，就能轻易地改变方向。这时的斜走进度不会太大，因为攀登者主要是背对着斜坡直线往山上倒着走。

法式技巧也有一个姿势可让腿部肌肉休息，而且可以在重新砍入冰斧时身体更稳固。从一个平衡的姿势开始，把外脚（下坡脚）抬到臀部下方，而这只脚的靴子随时都平贴着冰面直直地指向山下，然后坐在这只脚的脚后跟上，这是一种相当舒服的平衡姿势。

脚掌贴地这种重要的技巧如果和持杖姿势或斜跨身体姿势的冰斧技巧合用，可以让登山好手攀越许多高山路线。对于短距离的陡峭冰坡来说，法式技巧和确保姿势的冰斧技巧合用多半也能产生不错的效果。不过，这已是法式技巧的极限了。

（2）德式技巧

在陡峭冰坡上，法式技巧和德式技巧的使用会开始重叠。在这种斜坡上，这两种技巧各占有一席之地。

大多数的人很快就会选择使用前爪攀登技巧，因为这种姿势会让攀登者感到自然而稳固。前爪攀登最适合在穿着双重靴时使用，因为它可以为冰爪提供一个坚固的着力底座。非常坚硬的皮革靴也是不错的选择，靴底不硬的登山鞋可以在一些情形下使用，但会使肌肉费力。

前爪攀登的技巧不仅会利用到冰爪的第一排齿钉，也会利用到第二排齿钉。这些固定在硬式登山鞋上并能置入冰面的齿钉，提供了一个可以站立的平台。最平稳的方法是将靴子直直地插入冰里，尽量不要八字向外开张，以免齿钉旋转而脱出冰面。靴子的底面应该和冰面垂直，而脚跟需稍微朝下，让第二排齿钉得以刺入冰面，让这四个齿钉完全成为能站立的平台。

行动时膝盖稍微弯曲，可以减少小腿肌肉的紧张。

要抗拒把脚跟抬高的欲望，因为这会让第二排齿钉向外拉出，导致前爪脱落，也会让小腿肌肉疲劳。通常会觉得脚跟比实际位置来得低。穿无后跟的鞋，会觉得脚跟太低，其实正位于正确的水平位置。从陡峭的冰壁爬到和缓的斜坡时尤其要注意这一点，因为会很自然地想抬起脚跟，稍微放松一下注意力，急忙赶路。但这么做会让齿钉脱离冰面。踢入冰爪的技巧与双脚的位置相当重要，为了学会运用自如，可以在下方确保的情形下和一个经验丰富的登山者一起练习，走在他的前方，让他指正动作。

在一条路线上踢入冰爪时，要先判断需要出多少力，才能把脚稳稳地踢入冰里，接下来只要奋力一踢就行了。注意两个常见的错误：踢得太用力，会过早感到疲累，在相同位置多次踢，会使冰成为碎冰而难以成为稳固的脚点。在冰爪固定后，尽量不要再移动脚，这会使冰爪齿钉旋转脱出。

前爪攀登的技巧会使用多种冰斧姿势。低持与高持姿势在坚硬雪地和相对松软的冰壁上都很好用，但它们在坚硬的冰壁上效果不好，因为把鹤嘴插入冰里的动作在这种冰壁上无法达到强而有力的程度，而鹤嘴垂直插入冰壁的力量太弱，可能就无法固定在位置上，想要努力插得更深，往往只会费力而无济于事。对于更硬的冰壁或更陡峭的斜坡，应该要舍弃低持与高持姿势而就确保或曳引姿势，在使用法式技巧时也是一样。

①低持姿势。以自我确保握法握住冰斧扁头，把鹤嘴推入靠近腰部高度的冰面以助平衡。这个姿势可以渡过一小段相对较陡、只需快速做几个前爪攀登的动作便可通过的路段。可以用双脚主力将身体撑离坡面，这是前爪攀登的正确动作。

②高持姿势。以滑坠制动握法握住冰斧头部，把鹤嘴重重地压入肩膀上方的冰地里。如果斜坡陡到无法以低持姿势将鹤嘴插入腰际附近的冰地，就可以换成高持姿势。

③确保姿势。站在冰爪前排齿钉上时，握住接近柄尖的握柄，挥动冰斧将鹤嘴刺入冰里，越高越好，但不要勉强攀得过高。利用前爪攀登技巧，边抓住握柄，边步步上爬，爬得够高了，再用另一只手以滑坠制动握法握住扁头。最后，换手握住扁头，变成低持姿势；当扁头的位置达到攀登者的腰际，就是拔出冰斧往更高处砍入的时候了。确保姿势使用在较硬的冰壁或较陡的斜坡上。

④曳引姿势。握住近柄尖的握柄，将冰斧高挥砍入上方冰面；向下轻拉冰斧，以辅助前爪攀登向上。握住握柄的手不要在握柄上移动。这个姿势使用在最硬的冰面或最陡的坡度上。

以冰爪前排齿钉站在极为坚硬或是极端陡峭的冰壁上，想要重新置入冰斧，却变得难以平衡时，就需要用到第二个冰攀工具。除了确保姿势外，可以同时使用两个冰攀工具，和前爪攀登技巧一起使用的冰斧技巧仅需一只手便可完成。

使用两个冰攀工具可以提供三个支撑点：两只冰爪和一个冰攀工具。将工具置入的点务必要牢固，以防万一有一个支撑点失败了，还有另外两个着力点可以在第三点设立前支撑着。大部分的重量会由双腿支撑，两只手臂则用来辅助支撑和在使用双工具技巧时，可以双手都利用相同的冰斧技巧，也可以双手各用不同的冰斧技巧。可以都采取低持姿势，或是一个工具采取高持姿势，而另一个工具采取曳引姿势。

3. 垂直冰壁攀登

攀登垂直冰壁的基本技巧是前爪攀登结合使用两个冰攀工具的曳引姿势。双脚的标准姿势是两脚互相平行张开，大约与肩同宽，这是一种相当舒适而稳固的姿势。这时身体就像一个挂在冰壁上的 X，双脚在相同的高度上互相平行，而手臂则向上伸直。稍微往外侧下拉冰攀工具，使鹤嘴的锯齿卡稳在冰里，把冰爪的齿钉向内压进，这个动作有点像靠背式攀登法的姿势。为了节省体力，可以放松紧抓工具的双手，转而倚靠手腕上的冰攀工具腕带。

当以前爪攀登动作往上踏到新的水平位置时，双手要抓住这两个冰攀工具，把身体往上拉高。不过，力量大部分要来自双脚，不要用双手来拉撑身体的重量，否则臂膀很快就会完全没力。此时，可以准备将冰攀工具砍到更高的位置，拔起工具，用力将鹤嘴砍入，越高越好。不过，身体要稍微靠旁边一点，以免被碎落的冰块或滑落的工具击中。再用同样的方法把第二个工具也砍入冰面。注意不要勉强把工具砍得过高，这样会让攀登者垫起脚跟，使原本和冰壁垂直的靴底移位。

于是又回到 X 形的身体姿势。不断重复这些动作，把注意力集中在冰爪齿钉和冰攀工具的置入上，要有效率、有技巧，稳定的节奏和平衡同样重要。

当攀登者移动一支冰斧，准备把它往更高处砍时，他们的身体有时会像"开门"般荡开，失去平衡。要避免这种状况，得将平衡的重心转移到仍然嵌挂着的工具上；一旦冰攀工具已经置入较高的位置，就要将平衡的重心转移到它上面，然后拔出较低的工具。

（1）从垂直路段到水平路段

从垂直冰面爬上水平的凸壁或平台是整个过程中最具挑战性的一段，这大概会让很多人十分惊讶。看到有个稳固的平坦冰面在前方，可能会松懈心神忘了牢牢站稳脚步。此时，由于看不到这片凸壁的状况，只能朝它随意乱挥，这会使冰攀工具很难稳固地置入冰面，必须爬得够高才能了解凸壁的状况究竟如何。

为了爬到够高的地方，在趋近那块凸壁口时，冰斧和冰爪之间的距离必须近一点，使身体呈扁宽的 X，然后将工具设置成高持姿势，就可以看到这片凸壁，找出良好的鹤嘴砍入点。可能需要先把凸壁上面的雪或碎冰清除掉，凸壁或中等雪坡多半会有这些东西的堆积。将一把冰攀工具稳稳地砍入凸壁，接着再砍入另一把，然后双脚往上移动，直到安全越过凸壁口为止，此时尤其需要维持脚跟的低平位置。

（2）横渡陡崤或垂直的冰壁

横渡冰壁的原则大体上和前爪攀登技巧攀登陡峭冰坡差不多。因为是移向侧边，而不是直线往上爬，所以在一只脚移动时，另一只脚很难与冰面保持垂直。脚跟转动，冰爪的前排齿钉也会跟着移动而脱出冰面。此外，冰攀工具在横渡时也很容易发生扭转。

要从一个稳固的姿势开始，双脚高度要相同，往横渡的方向倾身，把前方的冰攀工具植入冰面。比起向上攀爬的情形，前方这把工具的位置会比较低，这可以在置入后方那把工具后以类似靠背式攀登法的方法来运用它，而不会让它脱出冰面。不过，前方工具的置入位置不能离身体太远，否则移动另一把工具时，身体会转动而离开冰面。

接着可以用前爪攀登动作来进行横向挪移，也可以一次踏两步，将后脚跨到前脚前面，再把原本的前脚带到前方。大部分的登山者喜欢用挪移的方式，不但比较容易，感觉上也比较稳当。脚移动之后，把后方冰攀工具砍入和身体约呈45°角的位置，然后再直直地砍入前方这把工具。继续重复这些步骤。

4. 下降技术

（1）法式技巧

①持杖姿势。要在倾斜的冰坡上和缓下降，只要面朝山下，稍微屈膝，步履坚定地往下走即可。每一步都要把冰爪底部的所有齿钉踩入冰里，以持杖姿势来利用冰斧。随着下坡角度变陡，屈膝的程度要增加，膝盖也要分开，将身体的重量放在双脚上，使冰爪的所有齿钉都能牢固地嵌入冰面，这时大腿肌肉出力最多。

②斜跨身体姿势。如果想要更稳固，可以用斜跨身体姿势把冰斧垂直刺入冰面。

③助衡姿势。如果想要更稳固，可以用助衡姿势来利用冰斧。抓住冰斧接近握柄中间的部分，在下坡时将冰斧拿在身体一侧就行了。此时冰斧的头部朝向上坡，鹤嘴向下，而柄尖朝向下坡的方向。

④栏杆姿势。如果坡度变得更陡，要以栏杆姿势利用冰斧。抓住冰斧近柄尖的位置，把鹤嘴往下坡方向植入，越远越好。向下走，让手沿着握柄滑向冰斧头部，同时将握柄微往外拉（拉离冰面），让鹤嘴可以更稳固地卡在冰里；如果是反向弯曲的鹤嘴，这样做会不牢固。不过，可以改用平行冰坡的方向来拉它。继续往下走到冰斧的头部位置以下，拔起鹤嘴，在更远的下坡处重新植入冰斧。

⑤确保姿势。如果坡度极陡，那么面朝外侧下坡就会不安全，这时就要把身体转向一侧，斜行下坡，脚下功夫也换成了斜行上坡时的脚掌贴地技巧。以确保姿势来利用冰斧，用外侧的那只手臂把冰斧向前挥动，将鹤嘴植入冰里，另一只手则以滑坠制动握法握住冰斧头部；然后以脚掌贴地的方式斜着走到冰斧下方的位置。通过握柄的下方后，握柄会随着攀登者转动。

（2）德式技巧

在较陡峭的斜坡上上攀与下降的前爪攀登技巧和工具使用技巧大致上是相同的。不过，就像攀岩一样，往下攀爬是比较困难的。脚步很容易踏得太低，使脚跟提得太高，冰爪前排齿钉根本无法刺入或是很容易破冰而出。在往下攀爬时想要看清楚路线状况是不太可能的（除非是在稍微斜行的路段），在砍入冰攀工具时也很困难，因为置入的位置必须靠近攀登者的身体，无法使出全力来挥动工具。

在下坡时把冰攀工具置入当初上攀时所砍出来的洞孔，或许是让工具稳固置入的唯一可行办法。

攀登者在下山时通常不会利用前爪攀登技巧，但在某些情况下，如半途折返，它依然是一种重要的技巧。此外，往下攀爬的能力也可以培养上攀时的自信。如果路线过陡，冰攀者通常会以垂降的方式下降。

三、绳攀技巧

冰攀者通常会结绳攀登。攀登冰坡时可以使用一条标准的单绳，也可以利用两条绳索。

（一）冰地固定点

现代的冰螺栓可以在冰上为攀登者提供稳固的防护装置。然而，固定冰螺栓要花很多时间和精力，因此先锋者在冰壁上架设的固定点通常会比同样长度的岩壁所架设的点来得少。冰攀者也会利用自然地形来做防护，有机会要多练习用左右手来设置固定点。

1. 天然固定点

在冰天雪地的高山峻岭中，很难找到现成的天然固定点。好的天然固定点或许不是冰壁本身，而是路线旁边的岩石或是从冰中突出的岩块，矮树丛和树木也可以成为天然固定点。

2. 冰螺栓

冰螺栓的置入方式有各种变化。必须先考虑几个严肃的问题：这片冰的性质如何？它的深度够不够？这个固定点会承担多少力量？施力的方向如何？哪个螺栓要留在装备串上？哪个螺栓稍后会用到？观察、估计、判断和经验都可以帮助回答这些问题，并根据这些问题来设置固定点。

每个冰螺栓的设置都不同——这是冰攀的重要事项之一，它会随着状况的不同而改变。天然的凹陷处是很好的选择，因为在这种地方，冰螺栓造成的断裂线不太可能会伸及表面。反之，在突出处置入冰螺栓可能会导致严重的碎裂，使固定点不牢靠，甚至无法使用。一般说来，旋入冰螺栓的位置至少要相隔60厘米才可以降低危险，因为一个固定点的断裂线可能会延伸到另一个固定点，导致两者的强度变弱。

旋入冰螺栓的程序因冰况而异，不过基本的程序大致上相同。

第一，为了在设置时可以有最大的力量，要将冰螺栓的设置位置保持在臀部和肩膀的高度之间。开始时先用冰斧鹤嘴或柄尖钻出一个小孔，作为冰螺栓前几排螺纹或齿钉的固定点。钻小孔时动作要轻柔，以手轻拍即可，以避免冰面碎裂。这个起始洞也可以拿旧的鹤嘴洞代替。

第二，接着从洞孔处开始把冰螺栓往里面钻，依照设定的角度稳稳地一边用力压、一边将冰螺栓旋入冰里。把它一路旋到底，螺栓的挂钩应该紧贴冰面并指向预期的受力方向。在冰螺栓挂钩上挂上一个钩环、快扣，或可以减轻冲击力的带环，然后扣入绳索。

第三，继续攀登。附有尖齿的冰螺栓可以完全靠手来钻入冰里。若是行不通，可以利用以另一个冰螺栓或冰攀工具的鹤嘴施加在螺栓跟上的杠杆力量。附有可旋转圆头的冰螺栓在旋入与拔出时比较快速与容易，因为扣一个钩环在螺栓跟上，由这个钩环来置入与拔出。在夏天的松软冰地或阳光直射下，可以在螺栓头周围堆满碎冰来减缓融化速度。

如果冰壁上面罩着一层软雪或碎冰，先用冰斧的扁头或鹤嘴把它清干净，等到坚硬、牢固的冰面露出来后再钻起始洞。如果是极端烂碎的冰层，先用工具挖出一个水平的大步阶再把冰螺栓垂直插在步阶上。如果冰层表面碎裂，只要一边轻轻用鹤嘴将碎掉的冰块往旁边扫开，一边继续旋入冰螺栓，就可以稳固地设置冰螺栓。

攀爬极端陡峻的冰壁是一项令人身心俱疲的活动。为了节省精力、继续有效率地行进，冰攀者会想办法尽量减少冰螺栓的设置。如果冰地非常坚实，或是坡度并不怎么陡峭，整段斜坡或许只要架设一两个固定支点即可。除非是烂碎的冰地，否则每个固定支点各装一个冰螺栓即可。攀登安全主要系于冰攀工具和冰爪的置入点以及技巧，而这也决定了所需要设置的冰螺栓数目。

在练习时，要能单手置入冰螺栓。在极端陡峭的冰壁上设置冰螺栓是一项艰难的任务，可以试着在路线上的天然休息点上设置冰螺栓。要使用腕带，在设置冰螺栓时，别因为一直抓着冰攀工具的握柄而累垮。若需要额外的支撑，或是需要使用两只手时，将设置稳固的冰攀工具的腕带滑到手臂处悬挂。

在坡度中等到陡峭的斜坡上，在装置冰螺栓前先砍出一个供脚站稳的步阶会有所帮助。但斜坡若极端陡峻，以至于很难砍出步阶时，利用冰爪前排齿钉站稳，有效率并充满自信地完成冰螺栓的设置，然后继续攀爬。

在冰螺栓拔出后，管内的冰柱要清除干净，否则它会冻在里头，使这个冰螺栓暂时失去效用。攀登前可以在冰螺栓里喷些润滑油或渗透油。有些冰螺栓的内部呈圆锥状，便于移除冰柱。可以用甩动的方式来移除内部的冰柱；如果这样行不通，可以试着用冰攀工具的橡胶握柄轻扣，或是靠着靴子的边缘轻敲。不要拿冰螺栓去碰撞坚硬的东西，如冰攀工具的头部或冰爪，那样只会令齿钉和螺栓纹凹陷，让冰螺栓难以植入冰面，尤其是在寒冷的环境下。如果冰螺栓里面的冰柱已经冻结，可以用鹤嘴或一段硬杆将冰推出来，或是用温暖的手握住冰螺栓，向内呼气让冰融化，也可以把它放在外套的口袋里催化。

（二）设置冰地固定点

冰攀者在进行确保或垂降时有好几种固定点装置可供选择，包括 V 字线、冰栓等。

1.V 字线固定点

V 字线固定点是一种很受欢迎的确保装置，因为它既简单又容易架设。这种装置是由一位优秀的苏联登山专家维塔利·阿巴拉克夫于 1930 年发明的。V 字线固定点其实只是钻入冰里的一个 V 字形信道，加上由一条辅助绳或伞带穿入通道后打个结所形成的绳环。不管是拿来测试或是直接使用，V 字线固定点都十分稳固，但是它的强度和构成它的冰层是一样的，要有坚实的冰层，才会有坚实的 V 字线固定点。可以设置并相连多个 V 字线固定点，以制造出一个受力均等的固定点系统。制作 V 字线固定点的步骤如下。

（1）把一根长 22 厘米的冰螺栓钻入斜坡里，角度要比预期的受力方向高出 10°，同时向侧边萌斜约 60° 角。

（2）把这根冰螺栓拔出到一半的位置，置于原处作为指标。在距离第一根冰螺栓大约 20 厘米的坡面上钻入第二根冰螺栓，瞄准的角度要和第一个洞孔在底部相交。接着把两根冰螺栓都取出来。

（3）拿一条 7 厘米的强力纤维材质辅助绳或 1.3 厘米宽的管状伞带穿过这个 V 形的小通道。需要用 V 字线工具将通道底部的绳索或伞带从另一边的通道勾出来。

（4）抓住绳子的两头，让绳子在通道里来回磨动，好将两个孔洞交会处的尖角磨掉，否则尖角可能会在坠落时把绳子割断。要把这条绳子或伞带打个结，形成一条绳环。

（5）在 0.6 ～ 1 米远处设置一个冰螺栓，用一条带环将冰螺栓和 V 字线固定点扣在一起，作为后备确保，这个确保装置就大功告成了。若是要系绳垂降，直接将绳子穿过伞带结成的绳环，垂降完成后便可将绳索拉出。

在热门冰攀路线的确保或垂降平台上会看到很多弃置的 V 字线固定点。就像其他固定点一样，在把生命交付给它之前，要先仔细检查它的完整性，检查绳环是否受损，也要检查绳结是否牢固。有时绳结末端的绳尾会冻结，就像绳环一个安全的部分；要确定垂降绳是牢牢地系在绳环上，而不是穿过这个；再就是检查V形通道的完整性，看看外围的部分是否已经融化，是否会因此变得太浅，让确保设置变得不安全、不稳固。如果对这个固定点有疑虑，就架设一个后备确保点，或者干脆重新架设一个确保点。

2. 冰栓

冰栓可能是冰攀的固定点装置中用途最广的一种。如果把两个冰栓连在一起，一个拉力往上，一个拉力往下，就会成为一个多方位的确保点。冰栓的强度和它的大小及冰面的坚硬程度成正比。如果冰栓是由坚硬、稳固的冰块做成，它就有可能会比登山绳还强固。冰栓有一个最大的、也是唯一的缺点，就是设置相当花时间。

要设置冰栓，只需一把冰斧与良好的冰地。冰地的结构要一致，没有裂痕，也没有小洞。用冰斧的鹤嘴砍出冰栓的轮廓，接着利用冰斧的鹤嘴和扁头在轮廓周围往外挖出一个至少15厘米深的沟。将冰栓两侧和上半部挖深，侧看呈牛角状，以免绳索从冰栓上半部脱出。这是设置冰栓时最需要注意的地方，因为一不小心，冰栓就会碎裂。

（三）冰地确保

和其他攀登形态一样，冰攀者可以采取行进确保法或固定式确保法。此外，冰攀者也可以选择靴子与冰螺栓并用确保法。

1. 行进确保法

行进确保法可提供冰攀者介于绳索确保与不用绳索攀登之间的防护。在面对暴风雪或雪崩的威胁时，行进确保法可以让队伍快速行进，而在这种时刻，行进速度越快，队伍就越安全。这种确保法在从平缓到中等坡度的冰坡上也很有用，因为冰攀者不会在这种环境下坠落，而固定式确保法又太耗费时间。

无论是冰攀、攀岩还是雪攀，行进确保法在设置上都大同小异。队伍的成员（通常只有两人）同时行进，先锋者边攀爬边架设固定支点，并把绳索扣上，后攀者则边攀爬边回收这些装置。这么做的目的，是为了让彼此之间始终至少有两个固定支点，以防坠落的突然发生。固定支点的适当间距，通常是当先锋者设置新的固定支点时，后攀者正好可以拔取最后一个固定支点。

比起真正的绳索确保，行进确保法安全性较差，因此在决定是否该采用行进确保法时，需要以丰富的经验为基础，做出良好的判断。

2. 固定式确保法

如同攀岩及雪攀，冰攀的固定式确保也需要一位确保者、一个确保固定点以及几个固定支点。

先设置一个确保固定点，在以绳索确保先锋者爬上一段绳距后，由他设置另一个固定点，然后确保后攀者爬上绳距。绳队队员可以轮流当先锋，也可以始终由同一位队员担任先锋。

先锋者应该在绳距结束之际留意下一个良好的确保点，如坡度较缓和冰面的凹陷处，或是一个很快就能砍出平台的地方。砍步阶时要将一把冰攀工具置入身旁，作为临时防护；砍出的步阶要够大，足以面对冰面，双脚外八字站开以脚掌贴地。如果冰壁陡峭，或许只能砍出一个仅能容纳一只脚的简单步阶。

（1）确保固定点

一个冰地确保用的标准固定点需要用到两个冰螺栓（冰栓或 V 字线固定点亦可作为确保固定点，不过它们的装设比较费时，主要用在垂降）。把第一个冰螺栓装设在前方，稍靠侧边，大约在腰际至胸部之间的高度。接着扣入一个钩环，打一个双套结或 8 字结，将自己紧紧系在登山绳上，然后告诉下方的确保者解除确保。

将第二个冰螺栓装在身体前上方，约高于第一个冰螺栓 0.6 ～ 1 米的位置，位于第一个冰螺栓的另一侧。最理想的状况是第二个冰螺栓的设置位置可以让行进继续，不挡住路线。把第一个冰螺栓上的登山绳拉到第二个上面，打个双套结绑好，两根螺栓之间应该没有松垂的绳段。另外一种方式是用带环扣在两个冰螺栓上，然后设置一个平均分摊力量的系统。

在第二个冰螺栓上的钩环扣上快扣或吸能带环（如果螺栓眼大到可以扣住两个钩环，也可以扣在它上面），然后把连接下方队员的这端绳索扣入快扣或吸能带环的钩环上，这个确保点的设置就完成了。

（2）确保方式

确保时可选择采用确保器、意大利半扣或坐式确保等方式，无论是哪一种，固定点的设置都相同，选择标准或许仅在于习惯和对固定点的信赖度。坐式确保是动态的，确保时需要做出一些动作，一旦发生坠落，坠势会较慢止住，不过对固定点和固定支点的冲击力量较小。相较之下，使用确保器和意大利半扣可以很快止住坠落，但对固定点和固定支点的冲击力会较强。

①确保器。确保器和意大利半扣既容易装设，使用时又有效率，因此这两者的使用被许多冰攀者视为标准程序。确保器通常会扣在坐式吊带上，也可以直接从固定点上以绳索做确保。确保先锋者时，确保者通常面对冰壁；若是确保后攀者，确保者可以面对冰壁，也可以背对冰壁。

如果是面对冰壁确保后攀者，确保绳要穿过固定点设置位于上方的冰螺栓，经由这个冰螺栓来直接拉住第二个攀登者。当第二个队员爬到确保位置，并继续往上爬成为先锋者时，这个冰螺栓就成为新绳距的第一个固定支点。

如果是背对冰壁确保后攀者，确保绳就要直接穿过安全吊带上的确保器，与固定点连接的方式和攀岩时的固定式确保法一样。

②坐式确保。面对冰壁，把确保绳穿过腰际上的控制钩环并绕过人的背后，再将绳索扣在第一个冰螺栓上"加扣上去"的钩环，最后再用制动手握住这段绳子，坐式确保便大功告成。也可以用背对冰壁的方式来坐式确保后攀者，在绳索可能因僵硬与冻结而卡在确保器里的状况下坐式确保尤其适用。

③靴子与冰螺栓并用确保，这个确保方式可以用在平缓的冰坡上。先设置一个冰螺栓，扣上钩环，然后将确保绳穿过钩环。用上坡脚踩住冰螺栓，脚要和受力的方向垂直。脚踩的位置要让冰爪的中排齿钉穿过钩环，注意不要让冰爪踩到绳子。将绳索的确保端绕过脚面，从脚踝后面绕回来，然后用上坡手握住。

要利用缠绕在脚踝上面的绳索弧度大小来控制绳索的摩擦力，这和靴子与冰斧并用确保非常相似。

四、垂降

想要在陡峭冰壁下降时，垂降是最常用的方式。冰地垂降的考虑和攀岩时的垂降一样，但在固定点的选择上有很大的差异。攀岩时多半可以利用天然固定点，如一块凸岩或一棵树，但冰攀时往往需要自行设置固定点。使用最广泛的垂降固定点是 V 字线固定点和冰栓。冰螺栓通常会用来作为冰地固定点的后备，直到最后一名队员要垂降时再把冰螺栓取回，所以是在没有后备的情况下垂降的。

冰攀的技巧和信心来自长时间的练习，评估与判断冰况的能力来自多年的经验。如果可以，最好有个固定的登山伙伴可以一起练习，努力学习如何将冰斧一掷中的，如何正确地踢入冰爪，这样才能节省体力以克服艰险路线的严酷考验。也要尽力增进攀登的速度和效率，依据冰况和体能进行调整。每个登山者都要学着判断何时该用绳索攀登来做防护，以及何时不系绳索比较安全。经验丰富的冰攀者不但熟悉这些技巧，还会以自信心和良好的判断力来施展它们。

第十章 登山运动中的危险预防及常见身体问题

第一节 登山时的危险预防

登山时的危险有两种，一种是来自自然环境的，如雪崩、暴风雪、裂缝、滚石等，这些需要登山者富于经验的预见来避免；另一种是来自登山者自身的，过分超越身体极限（包括个人的和全队的）所带来的危险。因此，登山者一定要正确评估自身的能力是否与环境条件相适应。

一、雪崩

山地大量积雪突然崩落的现象称为雪崩，由积雪本身重量、大风、新旧积雪面摩擦力减小、积雪底部融解、气温骤升，以及地震、暴风雪等引起。一般多发生在 25°～40° 之间的斜坡上。它是雪山地区经常发生的一种自然现象，对高山地区的探险登山运动员具有极大的危害。

容易发生雪崩的地区，称为雪崩区。雪崩发生时，积雪沿着一条通道——雪崩槽崩落，并留有明显的痕迹。雪崩槽下部为雪崩堆积物。雪崩多发生在大雪以后的 2～3 日内。在一天中，多发生于上午 10 时至下午 2 时，因为这时气温较高，但也有例外，这要根据当时实际情况判断，不能一概而论。

（一）雪崩的分类

人们对雪崩的研究，目前仍处于探索阶段，对雪崩的分类，各国也不尽相同。按冰雪的雪质特征，可分为在松散冰雪中发生的干雪崩及在经过多次融化和再冻结的湿雪崩。日本冰雪协会研究出按雪崩的发生特征分为点发生雪崩和面发生雪崩。在欧洲有些人将面发生雪崩称为线发生雪崩。按雪崩发生的层位特征，可分为表层雪崩和整层雪崩。这些分类从理论上讲虽比较清楚，但对具体的雪崩很难分清，因而意义不大。日本登山协会在日本冰雪学会的基础上将危害极大的面发生雪崩分为干燥雪崩、雪板雪崩、湿润雪崩和旧雪雪崩，此外还有冰河雪崩和崩塌雪崩。现将一些危害较大的重要雪崩简要介绍如下。

1.点发生雪崩

日本学者研究认为，点发生雪崩是由于靠摩擦力而停滞在斜面上的冰雪受到外部某种作用的刺激而产生的局部雪崩，它可以形成扇面的冰雪流。点发生雪崩可以发生在干燥的新雪、旧雪、湿雪、粗粒雪等各种积雪区，雪粒呈互不黏结的场合。登山运动员的蹬踏也可诱发这种雪崩，崩雪可形成巨大的雪流把人裹挟下去。点发生雪崩有时也会引起面雪崩的发生。

2.面发生雪崩

面发生雪崩的特点是面积大，往往是整个雪层一齐发动。它先是在雪坡的最上部产生裂口，裂口线大致近似水平状态，接着是裂口以下整个斜面上的冰层同时向下滑动。与此同时，在其两侧出现断面。滑落的冰雪可越过下面的积雪在适当的地带停滞下来。在坡度较大时，它还可引起更大规模的雪崩。面发生雪崩与点发生雪崩的流动状态有所不同。它可以像晾晒在屋顶上的被褥滑落一样，以整片的状态滑动。当雪流短时，也可呈似板状形态停滞下来，但一般常破碎为块状，在雪流距离较大时会形成流体状态。这种雪崩的危害性极大。这种雪崩按其雪质和状态可分为以下几种。

（1）干燥雪崩。积存在斜坡上的新雪，其雪层是松散的，由于降雪时的气候条件不同，高山上的积雪具有一定的分层构造，在积雪的内部很可能形成软弱层，如积雪不断加厚，其重量也不断增加，当雪层自重沿斜坡方向的分力超过雪层结合力时，便会沿某个层次发生滑动，这就是干燥雪崩的自然发生。即使积雪的不稳定未发展到自然发生雪崩的程度，有时也会由于登山者的踩踏或强风劲吹而发生这种雪崩。

（2）湿润雪崩和旧雪雪崩。寒冷时，刚降下来的雪通常是干燥的，由于日照、气温上升等原因，干燥的雪会发生融化，使一部分冰雪呈湿润状态，因其强度下降而产生的雪崩称湿润雪崩。如果新雪在最初湿润时没有发生雪崩，以后再度湿润也未发生雪崩，但在反复融冻过程中，积雪逐渐变成粗粒雪，这种雪的内部连接力较弱，会使危险再度降临。这时发生的雪崩，称旧雪雪崩。一般人们常认为旧雪雪崩属底层雪崩，实际上这种雪崩发生在表层的也不少。湿润雪崩有些可以是人为造成的，而旧雪雪崩一般都是自然发生的。

（3）雪板雪崩。雪坡受到日照、风雨等作用，形成雪溪缓缓流下，雪水的流动可促使冰雪面产生形状各异的冰裂缝，这些冰裂缝几乎都垂直于冰雪面，其侧面被溶蚀成雪檐状，有时这种流水和风的作用会逐渐形成雪下空洞，即便在没有雪溪的情况下，受到强风吹的雪也会变得表面坚硬而形成板状。在这样的雪坡面上行走，稍不小心，就可能滑入冰裂隙或落入冰雪洞。由于人的蹬踏、滑落等的刺激，也会引起雪崩，这就是雪板雪崩。粗粒雪也容易发生这种雪崩。这种雪崩多因某种诱发因素引起，因而在低温、大风时，特别是在积雪较浅的雪坡上，要警惕此种雪崩的发生。

3. 崩塌雪崩

在春季以后，由于冰雪融化，可形成雪底水溪，有时会发生前面类型的雪崩。当雪溪下的空洞逐渐加大到一定限度，雪溪两旁的冰雪不能再支撑其上部冰雪的自重时，便会发生雪崩，崩塌的雪块随着倾斜的冰沟汇集，从而形成巨大的雪崩，被称为崩塌雪崩。这种雪崩的雪流裹挟有一定的雪块流泻。当它们大量积蓄在冰沟时，可能有再次发生雪崩的危险，登山时要特别加以注意。

4. 冰河雪崩

当冰河中的冰雪被推到山崖上时，首先会在冰雪表面产生冰裂缝，其后形成大冰块而坠落形成雪崩。冰河雪崩又称作冰川雪崩。在视野较好的地方，可以看到其将发生的场所，但问题是不知道何时坠落。这种雪崩与崩塌雪崩类似，其发生状态不同于面发生雪崩。

（二）判断雪崩危险的诸要素

在判断雪崩危险时，一般很难当时就做出定论。从雪崩的理论可以看出，不同雪崩的发生条件是不一样的。例如，寒冷对干燥雪崩和雪板雪崩是持续的不稳定积雪条件，但对湿润雪崩和旧雪雪崩来说，是相对稳定的积雪条件。所以，判断雪崩危险靠零碎的知识是不可取的，也是十分危险的。登山运动员在行进过程中必须充分观察和综合分析各种自然现象，才能避免做出错误的判断。

判断雪崩危险的存在，首先要判别雪崩可能发生的位置及雪崩的运移路径——雪崩槽。雪崩槽往往表现为深入山坡自上而下延伸的光裸窄带，它由于缺乏植被，而且基岩裸露，所以从远处即可分辨出它们的光亮色泽。

大的雪崩多发生在高山积雪区，由于大风的作用，可使大量的积雪被迁移到分水岭的山脊上，形成陡峻的雪堆和雪檐，成为极不稳定的山坡积雪。只要有轻微的震动、喧嚣或者登山者的攀登等，就可能触发雪崩。因此，登山时对雪崩的调查了解是很重要的。一般来说，观察是否存在雪崩危险，可以从上面俯视，这样最容易发现。即使是经验不足的运动员，也不会犯大错误。

1. 观察地形

易发生雪崩的山坡倾斜度是 35° ～ 50°，在 30° 左右的较缓斜坡上，遇有特大的降雪时也会发生雪崩。在 60° 以上的陡雪坡上，雪一降下来就会以粉尘雪崩的形式而流失，不易积存大量积雪。但应注意，这种陡坡的岩壁和冰壁上，有部分稍缓的坡度，亦可有雪的堆积，这些雪明显处于不稳定状态。

2. 斜面上的积雪方位

在那些随季风而积雪的高山上，背风面常有大量积雪，如我国的许多雪山的东南面就堆积有大量的冰雪。由于雪蚀的作用，往往形成较陡的冰坡面，其侧面由于受日照的影响较大，因此易于发生雪崩。

在风向不定的低气压型降雪的山区，可以根据降雪时的最强风向，推断雪崩易发生的位置。在背阴坡面，特别是山谷较深较陡处，因长期积存着大量的干雪，这些干燥雪和粗粒雪是持续不稳定的因素，有这种雪的地区易发生雪崩。

3. 积雪量与雪崩

"大雪之年遇难多"。积雪少而寒冷的年份，要重点防范雪崩。

新雪不间断地增加时，雪崩的危险性会更大，特别是在较短的时间里大量降雪时，则更加不稳定。在这个时间登山，容易发生雪崩事故，尤其是在低气压的降雪时，如 1991 年 1 月 3 日发生的梅里事件，雪崩埋没了中日梅里登山队的 17 名登山运动员。据了解，当时该地在 3 日内发生了 30 年罕见的大雪，在短时间内降雪达 1.2 米厚。他们的 3 号营地（海拔 5100 米）的地形是三面环山，其东北是奶诺戈汝冰川的出口，堆积着经年的积雪，有如巨大的固体河流悬在 3 号营地上方。当时这里处于低气压下，新降的大量积雪引发了这次雪崩。

4. 雪质与雪崩

低气压型的降雪，往往是开始下散粒（水蒸气在高空遇冷而凝结成的小水粒）或针状雪，在其上面的积雪处于极不稳定的状态，且散粒等的变态迟缓，所以不稳定状态保持得比较持久。在这种雪质条件下，较易于发生雪崩。粗粒雪是在积雪内部生成的，它促使冰雪层不稳定，是构成雪板雪崩和干雪整层雪崩的原因之一。

5. 风与雪崩

风是雪堆形成的动力，强劲的风常是导致雪崩发生的重要原因。湿风，特别是焚风是极其危险的，它比单纯的高气温或日照等因素的影响更严重。

强风能将风上侧山脊的雪吹故而使之稳定，但寒冷的风不能使雪堆稳固，有可能会生成雪板。湿风猛刮之后，有可能发生雪崩。

6. 日照、高气温、雨与雪崩

日照、高气温、雨是湿润雪崩、旧雪雪崩发生的主要原因。积雪期下雨更为可怕。例如，在昆仑山西段，地形相对高差可达 3000～4000 米。高山上积雪的深层和表层之间常常出现 10° 甚至更大的温差。这时，冰雪层内部便有水从较暖的层位移向较冷的层位，这种融雪水沿裂隙下渗，从而在陡峭处坍塌而形成雪崩。因此，对日照等造成的雪层温差现象，必须引起足够的重视。

7. 雪崩的偶发因素

雪檐的塌落、声音的震动以及登山者的蹬踏等都可成为引发雪崩的因素。有时，别处雪崩的冲击波也会刺激邻区，常形成连锁性雪崩。对此，登山运动员应给予足够的重视。

8. 易发生雪崩的时间

雪崩易发生的时间，除前面提到的上午 10 时至下午 2 时的全天最高气温时间外，在日光开始照射雪坡的时刻，特别是前夜下了大雪，或是雪坡的日照西斜时，都易发生雪崩。

9. 步行中的征兆

当步行时感到脚下的雪面有下沉感或觉得有"鸣"的低音时，应注意周围的冰雪情况，如发现雪面产生裂缝或发现冰层从特定的层次滑动时，说明积雪已处于十分不稳定的状态，雪崩危险已经存在，必须引起足够的注意，特别是在陡峭的冰雪大斜面上行进时。

（三）雪崩危险的防范

1.防范的原则

雪崩发生虽说有一定规律，但要完全掌握它是不现实的。首先是人们对雪崩的理论知识尚不完备，其次是雪崩的发生一般都很突然，一旦遭遇也不要过度惊慌，要利用自己掌握的知识和技术迅速脱险。日本登山界在这方面做出了一定成绩，他们将雪崩引发的灾难类型进行了分析，并对引起雪崩的原因进行了研究，研究制订出了防范雪崩的对策，归纳起来应注意以下几点。

（1）登山前应注意学习雪崩的有关知识，了解登山地区过去发生雪崩的情况，并注意观察实地积雪的情况，对可能发生的雪崩进行论证，并研究出具体对策。

（2）目前，雪崩的理论还很不完善，必须与登山时的实际情况相结合，防止判断上的理论化。当感到有雪崩危险时，躲避是理所当然的，但必须保持冷静，领队应采取果敢的对策，改变原有登山计划，将大家转移到安全地带。

（3）在计划执行过程中要结合实际情况加强对雪崩危险的研究，及时判断登山途中可能发生的雪崩危险。

2.应严格遵守的事项

（1）下雪期间或下雪后的第2天，不要靠近陡斜的坡面和雪堆，这时容易发生雪崩。实际上，大部分雪崩遇难多数是在这样的情况下发生的，特别是大雪后尤为危险。

（2）在攀登的具体路段选择上，要尽量避开雪崩区。如非经过不可，则要做好充分准备。通过的时间要避开多发期，如通过者不便观察，可在有利地形上轮流设置瞭望哨，以便及时报警。

（3）通过雪崩区时要用鲜艳色彩的主绳结组，每人系上雪崩飘带。人与人之间的距离应缩短，组与组的距离应拉长，后面的人要踏着开路者的足迹轻声快速通过，以防止切断雪层而触发雪崩。

（4）遭遇雪崩时，不要惊慌失措，首先尽快甩脱背包，将冰镐插入坡面并尽量握牢，以求身体不被裹挟滚坠。如果控制失效而被裹走，在滑动时应尽力用双手向上扒动，以使身躯浮在崩雪的上边。一待雪崩停止，未被埋没的人要尽快以主绳和雪崩飘带为线索，用雪崩探条寻找和抢救被埋没的人，被埋没的人要尽量在嘴的附近造成空隙，以延缓被窒息时间。

（5）如果得不到进山前几周山区气象和积雪情况，至少要尽力了解2～3天内的降雪情况，以便防止干雪雪崩。长时间下雪时，要重点警惕雪板雪崩。

（6）在攀登时，遇上恶劣天气，应视作雪崩警报。宿营时，要选择绝对安全的地方，当感到不安全时，即使在深夜也要转移。

二、冰崩

冰崩发生的原因和一般规律与雪崩一样。冰崩是山区现代冰川所特有的现象，其危害性和雪崩一样，一块拳头大的冰块从高处飞落，也可致人死命。容易发生冰崩的地方有：悬冰川边缘、冰塔林中、巨大的冰洞中、直立的冰崖下等。

三、速石

经过风化作用而破碎的石块。在重力、风力的作用下，从山上滚落下来，称为滚石。这种危险，在没有植被覆盖的山坡上更易发生。滚石多发生在山区气温较高的午间，往往是一块石头滑动，带动千百块一起滚动坠落。发生过滚石的地方叫滚石区，其下一段也有大量碎石堆积。

登山者一旦遭遇滚石，首先是不要惊慌，要观察滚石下落的方向，待滚石临近时再迅速躲闪，或利用身边的巨大岩石、陡坎等地形，避开滚石的袭击。在通过滚石区时登山者应戴头盔，通过滚石区时的要求和通过冰雪崩区类似。

四、冰裂缝

冰川或冰坡上的冰体是依附于高低不平的地表之上的可塑性固体。由于冰川本身的运动及重力、压力等作用，在冰体下的地形出现陡崖及转折处，很容易形成各种裂缝。裂缝的深浅与冰层的厚度有关，一般都在几十米，深者可达百米以上。窄的裂缝只有十几厘米，宽的可达七八米。冰裂缝如果显露于冰面，为明裂缝；有的裂缝表面被冰雪掩盖，称为暗裂缝。暗裂缝对登山者的威胁更大。

登山者要特别警惕的是暗裂缝。识别方法有二种：一是暗裂缝的表面覆盖物，往往呈长条状凹陷；二是一段明裂缝的尽头与明裂缝的中间地段往往有暗裂缝隐藏。在裂缝区必须由有经验的运动员在前面用冰镐探路，并在暗裂缝两岸设明显标志，或打掉暗裂缝上的覆盖物，使之成为明裂缝。通过时或结组行进，或事先架设保护绳一个一个通过。万一有失足者掉入裂缝，掉入者不要惊慌，首先处理好背包和主绳的缠绕，进行自救，不再继续下落，其他队员迅速进行抢救。

五、高空风

高空风是高山上特有的自然现象之一。登山者往往把七八级以上的大风称为高空风。高空风往往将登山者的器材吹跑，影响正常攀登。同时，随之而来的低温严寒使登山者体表温度较易散失而发生冻伤，直接威胁登山者的高山活动能力。在高空风来临时应选择避风的地形等待，如判断高空风时间过长应当机立断迅速回撤到出发营地。

六、山间急流

山间急流的特点是季节性强、落差大、流速急、河水中夹带着大量石块。由于山间急流距发源地冰川末端很近，所以水温较低。要穿过时最好逆流而上，寻找水道窄的地方涉水而过。涉水时可两人一组、三人一组、互相扶肩而过，也可骑牲口通过，必要时也可以架设绳桥。

第二节　登山运动中常见的身体问题

登山健身多是在野外进行，身体出现不适和发生运动损伤十分常见，还会经常遭遇蚊虫和蛇的叮咬。登山者必须对这些可能发生的危险给予充分的重视，有针对性地进行认真的准备，才能在出现相应的状况时采取审慎的行动，及时正确地处理。运动中的营养补充对身体健康和体力保存也非常重要，本节主要介绍这些登山中常见的身体医学问题。

一、身体不适

在登山健身中身体经常出现各种不适状况，有些是生理性的，有些是病理性的，要根据实际情况对症处理。

（一）极点

登山运动的时间较长，运动强度较大，在运动的过程中经常会出现极点现象。一般在运动开始不久，常常出现一种很难受的感觉，这些感觉往往表现为呼吸困难、肌肉酸痛、动作迟缓、情绪低落，不愿意再继续运动下去，但过一段时间这种感觉就会消失，身体重新变得轻松自如，这就是人们常说的"极点"现象。

1. 极点产生的原因

开始运动后不久，由于心、肺等内脏器官的活动跟不上肌肉活动的需要，往往会造成氧气供应不足，进而产生大量的乳酸堆积在血液中，造成呼吸循环系统机能失调，呼吸急促、心率急速增加……这些机能失调的强烈刺激传入大脑，引起神经系统的暂时紊乱，使动作迟缓、不愿再运动下去等。极点主要是由于身体各系统无法满足剧烈运动的需要而产生的生理性反应。

2. 处理办法

当出现极点时，不要惊慌，这是身体逐渐适应运动强度的表现。此时应适当减缓运动速度，注意加深呼吸，继续坚持运动，随着内脏机能的改善，氧供应增加，极点会逐渐缓解和消失，身体会自我感觉轻松自如起来。

（二）肌肉痉挛

肌肉痉挛，俗称抽筋，指某一部位肌肉不由自主地突然性强直收缩，且变得异常坚硬，引起局部疼痛和活动障碍。登山时最易发生痉挛的肌肉是小腿腓肠肌和脚底屈踝肌和屈趾肌，最易发生肌肉痉挛的部位是脚、小腿和大腿。

1. 发生的原因

一般来讲，肌肉痉挛主要是以下三种原因造成的。一是寒冷的刺激。在冬季，剧烈运动后肌肉快速连续性收缩，导致肌肉收缩与放松的协调交替平衡遭到破坏，特别在局部肌肉处于疲劳时，更易发生肌肉痉挛。登山时出汗较多，山里的风较大，如果在休息时不注意保暖，极有可能引发肌肉抽筋现象。二是运动中大量出汗，导致身体电解质丢失太多，也易发生肌肉痉挛。三是准备活动不充分。在现实生活中我们往往有这样的体验，直腿伸膝绷脚尖时，很易出现小腿腓肠肌痉挛，这就是肌肉未活动开的表现。

2. 预防和处理办法

根据肌肉痉挛发生的原因，登山者应注意运动中身体的保暖，不要让身体剧烈运动后直接受凉，如洗冷水澡，出汗后受风，在休息时身体未有效保暖。在登山运动中要及时补充水分，在出汗较多时，可考虑补充盐水。在运动前，要做好充分的准备运动。

在发生肌肉痉挛时，应立即对痉挛部位肌肉进行牵引。根据不同部位的肌肉痉挛，采取不同的牵引方式。脚痉挛时，应向脚背方向搬动脚掌，反关节扳压脚趾，用力按压涌泉穴。小腿痉挛时，应将脚尖向膝盖方向反压，敲击小腿肚，用力捏脚跟处的筋腱，按摩小腿肌肉，用力按压足三里穴。大腿痉挛时，应将腿抬起，伸直，用力反关节按压膝盖，交替敲击大腿两侧的肌肉。

（三）中暑

中暑是登山中最常见的一种风险，以其波及人群面广、发生概率高著称。中暑的引发原因可能与高温环境下运动、衣着不当、缺水、疲劳过度、持续活动时间过长、睡眠不好、年老体弱等因素有关。

1. 中暑的分类

中暑按照严重程度分为先兆中暑、轻度中暑、深度中暑，每种中暑的表现均不相同。先兆中暑的症状是头晕、头痛、口渴、多汗、恶心、四肢无力、脉搏加快等；轻度中暑的症状除头晕、口渴外，往往有面色潮红、大量出汗、皮肤灼热等表现，或出现四肢湿冷、面色苍白、血压下降、脉搏增快等症状。深度中暑通常以病症为表现形式，大致分如下几类。

（1）热痉挛症：大量出汗、口渴，引发肌肉痉挛。

（2）日射症：直接在太阳底下暴晒，引起脑细胞受损，剧烈头痛、恶心呕吐、烦躁不安，继而可出现昏迷及抽搐。

（3）热衰竭症：大量出汗使水分和盐分过多丢失，肌肉痉挛并引起疼痛。

（4）热射症：高温下，体力消耗太多造成高热（直肠温度超过41℃）和神志障碍。

2. 中暑的预防

中暑虽说容易发生，但预防中暑也不是什么难事，只要做到以下几点，就会有效规避。

（1）合理安排登山时间，早出发，避开在正午炎热的时间（通常在14:00前后）行动。

（2）登山前保证充足的睡眠，不要带着不好的心情或者很大的工作压力参加登山活动。

（3）穿着排汗效果好的登山服装。烈日下登山途中，佩戴帽子，适当进行头部遮阳。在阳光照射不到的地方行走时，及时把帽子去掉，以利于短时散热。

（4）行进途中长时间的休息，休息点要选择能避开烈日暴晒及通风良好的阴凉地方。休息的时候要卸下背包，解开衣袖与领口纽扣，挽高腿裤，快速散热。

（5）注意行走节奏，避免过度疲劳。行走途中少量多次地补充水分，适当配搭一些含丰富电解质的运动饮料。

3. 处理办法

如果确实遭遇了中暑，也不要慌张，按照以下步骤操作一定会转危为安。

（1）迅速给患者解开衣服，通过物理降温（扇风、冷水浸泡后的毛巾冷敷面额等）使其脱离高温环境。

（2）给患者及时补充水分，饮用清凉饮料或者电解质饮料。

（3）把患者的双脚抬高，在头部脉搏、动脉处（如太阳穴）涂抹清凉油、风油精，口服人丹、十滴水、藿香正气水等防暑药品。

（4）待患者意识恢复、清醒后，建议停止活动，必要时由专人陪同，及时送往医院。

（四）水疱

脚起水疱不算大伤，几乎所有登山者都遇到过，原因很简单，登山是靠脚走路的。走路的方法不对或者鞋子有问题，脚就会起水疱，所以它的发生概率很大。

1. 产生原因

脚起水疱主要是由于脚与鞋之间的挤压、摩擦与潮湿、相对的高温。登山时由于运动摩擦易引起脚底或脚外侧出现水疱，运动中因出汗而潮湿的足底摩擦力增大，更易引起水疱。另外，虽然水疱不是高温引起的烫伤，但如果皮肤温度增高，产生水疱的速度就会加快。

2. 水疱的预防

（1）应当购买适宜徒步登山的鞋，不要以旅游鞋随便凑合。

（2）新鞋买回家，应在城市试穿一段时间再到野外登山用，目的是为了更合脚。

（3）穿户外袜子，能够减少脚与鞋之间的摩擦，并缓解疼痛。

（4）使用滑石粉、痱子粉或防汗喷雾剂，有助于保持脚部的干爽，减少摩擦。

（5）如果脚常起水疱，那么可以在登山前，在经常起水疱的部位事先贴上胶布或垫上软垫。

（6）当徒步行走时，只要发现脚有任何不适或疼痛，就该停下检查或休息，避免持续摩擦后加剧水疱的变化。

3. 处理办法

（1）不要轻易弄破水疱的表皮，弄破不但会使疼痛加重，而且易感染。

（2）起水疱后，要立即贴上水疱贴。如果没有，可以自己做一个。在创可贴的中央剪出一个和水疱大小及形状相同的洞，套贴在水疱上，如此垫平水疱四周，然后再在水疱及剪孔的创可贴面上再封上一层创可贴，这样就能让水疱不再受摩擦了。

（3）如果水疱已经弄破，形成开放性创伤，那就要进行消毒、包扎，并垫上清洁的软布。

（4）较大的水疱所带来的痛楚可能无法忍受，那就把积聚于患处的液体排出来，以缓解水疱所构成的压力。标准的做法是：首先用医用酒精洗净患处，再用一根烧红后冷却的钢针在水疱的边缘位置刺一小孔，轻轻把水疱内的液体挤出，然后涂上消毒药水或软膏，最后用胶布或敷料把伤口遮盖起来。应注意的是，切忌剪去起水疱处的皮肤。时间久了后，水疱中的液体会被肌肤慢慢吸干。大部分的水疱会在1～2周内被完全吸收。新的皮肤长出后，旧的皮肤会自动脱落，一般无须特别护理就能自行痊愈。

（五）晒伤

进行登山等较长时间的户外活动，务必要注意防晒。皮肤在过量的紫外线下暴露，会造成皮下的微血管扩张，把较多的血液带到皮肤表面，皮肤因而发红、变热。户外阳光强烈时，应尽量避免在无遮拦的道路上行走。活动之前根据天气情况、海拔高度涂抹适当倍数的防晒霜。装备上可以穿着防紫外线的衣服，戴上太阳帽、墨镜、头巾等。

晒伤的处理办法有以下几种。

（1）使用止痛药，如阿司匹林可缓解轻度至中度晒伤的红肿、痒痛。

（2）湿敷或用布包住冰块敷在受伤的皮肤上，可缓解疼痛，但不能将冰块直接接触皮肤。

（3）使用温和的香皂彻底地清洗干净晒伤的部位后，涂上滋润皮肤的乳液。

（4）可使用新鲜芦荟，直接涂在患部，帮助伤口复原。

（5）可撒上爽身粉，减少睡觉时被褥与皮肤的摩擦。

（六）运动中腹痛

在跑步、登山甚至快速行走等运动后不久，有些人就会感觉腹痛，即运动中腹痛。运动中腹痛的发生部位不固定，一般进食后运动疼痛会发生在上腹部或中部。

1. 发生的原因及预防

由于饮食不合理、呼吸方法不当、准备活动不充分等原因，运动初期都很容易发生运动中腹痛，引起运动中腹痛的原因常有以下几种。

（1）饮食不当。运动前吃得过饱或饮水过多，食物对胃产生刺激，运动时引起牵拉痛或胀痛。空腹进行体育锻炼，胃酸对胃的刺激也容易引起疼痛。对这种原因引起的腹痛，要合理安排膳食，运动前别吃得太饱，也不要饿着肚子锻炼，不吃冷饮、难以消化的食物及易产气的食物，如豆类、薯类及冷饮，且饭后1～2小时才可参加剧烈运动。

（2）冷的刺激。在锻炼前，喝冷水过多或天冷吸入冷空气过多，由于冷的刺激，会造成胃痉挛而引起腹痛。预防这种腹痛要做到天热时少喝冷水（冷饮），天冷时要用鼻呼吸，尽量避免寒冷对胃肠的刺激。

（3）水分、盐分的缺失。在夏季进行较为剧烈的运动时，由于大量水分、盐分丢失，易造成体内代谢失调，加上疲劳，可引起腹直肌痉挛性疼痛，运动中及时补充盐水是预防的关键。

（4）呼吸节奏紊乱。在运动量较大时，运动本身破坏了原有的有节奏的呼吸，使吸氧量下降，进而导致呼吸肌疲劳、膈肌疲劳后减弱了它对肝脏的按摩作用，最终导致肝脏瘀血肿胀而引起腹痛。对于这类腹痛，关键是调整呼吸节奏，合理分配体力，避免呼吸肌疲劳。

（5）准备活动不充分。在准备活动不充分时，身体由静止状态骤然转为剧烈运动状态，由于内脏器官的惰性，可能会使腹部感到疼痛不舒服。同时，若开始运动时运动强度过大，内脏器官功能还没有提高到应有的水平，心脏对肝脏的供血不足，从而引起肝脾淤血肿胀，产生牵扯性疼痛。预防这类运动性腹痛，关键是运动前要做充分的准备活动，克服内脏器官的惰性，使内脏器官适应随后的运动。

2. 处理办法

运动中出现腹痛不要惊慌，应当立即减慢步伐，减小运动强度，多进行深呼吸，调整呼吸和运动节奏。另外，可用手按压腹痛部位，或弯腰慢跑一段距离，一般腹痛可以减轻或消失。如果用上述方法后，腹痛仍不减轻并有所加重，应立即停止运动，去医院治疗，以免发生其他危险。因为腹痛不单是运动不当引起，还有可能是内脏器官病变及其他内科疾病发生。因而，要迅速准确地做出鉴别，停止运动，去医院检查。

（七）运动后发寒与失温

在医学上，失温是指人体长期暴露在寒冷的环境下，身体丧失过多热量后体温逐渐降低，生理机能随之减弱，在严重情况下甚至导致死亡的症状。简单来说，失温就是身体产热和保暖的能力长时间小于散热的能力，而导致体温越来越低的现象。在寒冷且刮大风的山上，天黑降温后仍穿着湿的内衣，服装又不够保暖，人躺下后不再运动，身体产热低于散热，就能导致失温。

运动后发寒，即平日所说的"打寒战"（发抖），是轻微失温的前兆。当体温低于35℃时，就已经开始失温了。开始时，失温的症状表现为人体剧烈颤抖，怕冷，运动失调，口齿不清，麻木；然后严重一些，表现为基本不能有效使用手脚，不再颤抖，迷茫淡漠，不再感觉寒冷；在失温后期，症状为肢体僵硬，心脏功能衰弱，瞳孔放大，直至死亡。

表10-1　人体体温变化及相应症状对照表

体温 /℃	相对应的症状
40	发烧
37	正常
35	有失温征兆，发抖
33	接近体表温度，持续发抖
31	大脑无意识，只对刺激有反应（如针扎等）
30	失去意识、昏迷
28	死亡

注：此表中所列的温度是以37℃为人体的正常体温，如果有些人的正常体温本身就偏低，则要区别对待。

1.产生原因及预防

失温与否取决于两个因素：身体产热和保暖的能力与散热的速度。身体保暖的能力关键看所穿的衣服，尤其是贴身的衣服是否潮湿。散热的速度一是看外界气温是否寒冷，二是看风是否大。风大时，流动的空气不断把热量由体表移走，这使体感温度在有风时较实际气温更低。因此穿着湿衣物、暴露在寒风中，会使得体温过度降低（即失温）的风险大大提高。特别需要注意的是，由于风的存在，30℃以下的体温都能导致身体失温。

针对失温产生的原因，预防方法主要从冷、风、湿三方面入手。一个简单防止失温的说法是：冷、风、湿最多接受两项，即不要让寒冷、大风和湿衣服三者同时出现。在寒冷、大风天气，要注意保暖，及时更换湿衣服，尤其是雨雪天气，不要穿着湿衣服继续行进或休息。

2.处理办法

失温一旦发生，要科学地处理。处理办法不科学，将造成无法挽回的局面。

（1）使患者脱离低温恶劣环境，保持一定体力，停止登山活动或者紧急扎营。

（2）及时脱下寒湿衣物，更换干的保暖衣物。

（3）帮助患者不断进食热水、含糖的高热量食物。

（4）使患者保持清醒状态，多鼓励，和他不断交谈，关注其身体、意识的变化。

（5）严重者则需要用40℃温水浸泡或用施救者体温等方法使其回温，同时尽早将其送往医院。切记不可给患者喝酒，亦不可擦拭或按摩患者四肢。失温或冻伤的部位切不可用力摩擦或擦拭，因为这极易因机械用力造成受伤部位的二次损伤。

（八）冻伤

人体的手指、脚趾、耳鼻、脸部等突出身体的部位，在寒冷环境下极易发生冻伤。如果体温持续下降，血液循环就会停止，冻伤也就产生了。冻伤是指细胞之间的体液冻结，冻伤后细胞内液体的化学比例失衡，细胞内的液体就会流出来。冻伤分为表层冻伤和深度冻伤。

1.表层冻伤及其处理办法

表层冻伤大多发生在脸、鼻、耳、手等部位，如不及时加以救治，则会转化成深度冻伤。发生表层冻伤部位的皮肤苍白、刺痛、触感如蜡，且开始发硬，但皮肤的深层组织还比较柔软。患者会感觉疼痛，冻伤部位发冷、麻木。

表层冻伤的处理办法如下。

（1）将冻伤部位放到身体温暖的地方，同时加以恒定的压力。

（2）不要搓揉冻伤部位，以免损伤冻伤的皮肤。

（3）如患者感觉非常疼痛，可服用镇痛消炎药。

（4）防止冻伤面积扩大。

2. 深度冻伤及其处理办法

深度冻伤多发生于手、脚、臀部、腿部，深度冻伤会导致身体组织受损，更严重的症状则需要截去整个冻伤部位。深度冻伤的皮肤呈现苍白、刺痛、触感如蜡，皮肤发硬，深层组织也发硬；关节活动困难，甚至无法活动；冻伤部位有痛感，且会逐渐麻木并失去知觉。解冻过程中，冻伤部位剧烈疼痛。深度冻伤的处理办法有如下几项。

（1）检查是否有体温过低症状，如发现体温过低，需要立即救治，否则会危及生命，先不要给冻伤部位解冻。

（2）不要搓揉冻伤部位。

（3）防止健康部位受冻。

（4）如伤处已解冻，则需要防止再次受冻，且不要负重。

（5）让患者多喝水。

（6）如有可能，适当服用镇痛消炎药。

（7）只有在保证不会再次受冻，且在无菌环境下，才可帮助患者解冻。

（8）请尽快送医院救治。

3. 冻伤的预防

冻伤最有效应对措施是预防，避免冻伤的措施有如下几项。

（1）注意身体的保暖，穿着合适的保暖衣物。在寒冷环境下，如有可能，最好戴并指手套。衣物的穿着要宽松一些，以防血管受到压迫而影响血液循环。

（2）不要穿太多层的袜子，靴子不要绑得太紧，确保脚部血液循环畅通。留意靴子的衬垫（内靴）是否有冰冻和膨胀现象，防止影响脚部血液循环。如果靴子的质地较硬，特别要注意保护脚部，防止脚部肿胀而影响脚部血液循环。

（3）时常活动脚趾和手指，确保血液循环畅通。

（4）不要用裸露在外的皮肤接触冰冷的金属以及挥发性的液体（如酒精、汽油等），以防身体的热量被传导出去，进而导致皮肤冻伤。

（5）时常观察同伴的脸部、手部和耳鼻，检查是否有表层皮肤组织冻伤。

（6）在寒冷环境下，避免吸烟、饮食咖啡因。

（九）运动后呕吐

运动后呕吐是指在运动中或运动后，胃肠道功能发生紊乱，表现为腹痛、恶心、呕吐、腹泻等症状的一组综合征。

运动后呕吐一般由两个原因造成：一是运动量过大；二是肠胃等内脏患有内科疾病。运动中出现呕吐等症状时，要马上减缓步伐，减小运动量。运动后呕吐比较容易预防，应避免过饱或空腹运动，运动量不要过大，运动强度要逐渐增大。若减小运动量后，症状持续存在，则需警惕溃疡病、急性胰腺炎等内科疾病。

（十）运动后头痛

剧烈运动后，会出现头痛、头晕等现象，且常伴随脸色苍白、肢体无力、出汗过多、恶心，甚至呕吐等症状。

运动时头痛的原因主要是运动量过大。剧烈运动时血液循环极快，若运动完就停下来休息，大量的血液无法立即回流到心脏，造成心脏暂时性的缺血，此时大脑就会因心脏供血不足而出现头疼、恶心等症状，因此剧烈运动后会出现头痛、头晕、恶心等现象。具体说来以下几种情况更容易引起运动后头痛。

一是缺乏锻炼者从事剧烈运动。平时缺乏锻炼，身体各器官的功能水平不能适应剧烈运动的需要，引起机体缺氧等，易发生运动后头痛。

二是体内能量不足而坚持锻炼。体内热量不足、血糖含量较低时参加运动，也容易引起头痛。因此，人在饥饿状态下参加长时间的锻炼，容易出现头晕、无力、出汗等症状。

运动后头痛预防的方法是：平时加强身体锻炼；运动前做好准备活动；运动后做好整理运动，做好运动后的放松；剧烈运动后不要马上停下来休息；保证机体的能量供应，在进行长时间运动前和运动中，要及时补充能量。

（十一）运动后不出汗（闭汗症）

有些人运动三四十分钟后，身体仍然不怎么出汗，但皮肤表面很热，这种情况可能是闭汗症。闭汗症导致体内的汗液无法排出，进而造成体温调节失衡。在炎热的夏季，闭汗症可加大中暑的概率。

登山时，若感觉身体灼热，脸色发红，但不出汗，应立即停止运动，否则很容易产生胸闷、头晕的症状，此时应当喝些冰水、用凉毛巾敷在额头，让体内温度降下来。闭汗症往往不是运动导致的，因此建议及时就医。

（十二）延迟性肌肉酸痛

在进行完一次运动量较大的运动后，或间隔较长时间未运动而重新开始运动，常出现运动后肌肉酸痛的现象。由于这种酸痛不是在运动中或运动后立刻产生，而是发生在运动结束后 1～2 天，这种现象被称为延迟性肌肉酸痛。延迟性肌肉酸痛症状表现为肌肉疼痛、酸胀、身体僵硬、肌肉收缩和放松能力下降等，一般由局部肌纤维及结缔组织的细微损伤造成。

长久不运动后再次运动，出现肌肉酸痛是正常现象。减轻和缓解延迟性肌肉酸痛的方法有以下几种：一是对酸痛肌肉部位进行热敷。热敷会促进血液循环及新陈代谢，加快肌纤维及结缔组织损伤的修复，缓解肌肉酸痛，加快肌肉恢复。二是针对酸痛部位做伸展练习。可以对酸痛局部进行静力牵引，保持伸展状态 2 分钟，然后休息。重复进行几次，有利于缓解肌肉酸痛。三是对酸痛部位进行按摩。按摩可以放松肌肉，缓解肌肉酸痛，并且可促进肌肉部位血液循环，加快损伤修复和肌肉的恢复。四是口服维生素 C。维生素 C 有助于加速受损结缔组织的修复，减轻和缓解酸痛。

（十三）高山病

世界各地、高山、高原地区气压低，氧气分布稀薄，这是登山引起高山病的原因。高山病最典型的症状有头痛、失眠、倦怠、恶心、咳嗽等。高山病基本在海拔超过 3000 米后出现，也有在海拔 2500 米出现反应的人，几乎所有人在 4000 米都无一例外地出现高山病，这个高度是在尼泊尔或中国西藏高原旅行时经历的高度。4000 米是个坎，被称为"魔鬼高度"。

1. 预防办法

对高山病不可轻视，但也不必大惊小怪。重要的是做好心理准备，不惧怕，不轻视，只有经过高山病，才能最终适应。

（1）以身心健康的状态登山。虽然不能保证身强力壮的人不得高山病，但让身体不好的人在高原上一下子强壮起来是绝对不可能的，特别要注意不能感冒。

（2）摄入充足的水分。在高山处，有意识地摄入水分至关重要，可以保障体内营养物质的运输。

（3）勿使大脑受凉，要注意头部保暖。

（4）饮食控制在"六分饱"。适应高度的过程中要控制饮食，吃得太饱，血液为了消化都集中到胃肠内，大脑就会供血不足。另外，必须控制烟酒。

2. 处理办法

（1）下山。高山病症状严重的，应立即下山。重症高山病会再现肺水肿、脑水肿、血栓等症状，有不少高山病患者一夜之间死亡的例子，忍耐力强的人尤其要注意，出现症状马上下山。

（2）吸氧。有氧气时，可以吸氧，但是只靠氧气无法预防高山病，高山病还与身体承受的气压的能力有关。

（3）药物。头疼不要忍耐，可以吃止痛药。乙酰唑胺用于预防、处置均有效。关于用法、用量，一般认为摄入大量水分的同时服用250毫克为宜。此药服用后有副作用，感觉手脚或嘴唇发麻。乙酰唑胺是利尿剂，服用后会出现尿频的症状，要多摄入水分，以利于排尿。

（4）高压氧舱可以在紧急情况下通过物理升压缓解高山病，但最终还是要立即撤离。

二、动物叮咬

在山间行走，经常会碰到蛇类与吸血的蚊虫。如何预防和处理蛇咬伤与蚊虫叮咬，对登山活动和人的生命影响重大。下面主要介绍蛇咬伤与蚊虫叮咬的预防和处理办法。

（一）蛇咬伤

虽然不是所有蛇都有毒，但有数种蛇是有剧毒的。在野外遭遇毒蛇，基本上是因为人闯入了蛇的领地而引起的。在这些意外的接触中，会引起人的极大恐慌，一旦被毒蛇本能的自我防卫咬伤，则非常危险。

1. 预防办法

准备一根手杖，行进时打草惊蛇，因为蛇很少会主动袭击人类，受到惊吓会主动离开。如果发现了毒蛇，最好避而远之，这是最好的避免咬伤的办法。进行野外活动时，特别是在经常有蛇出没的地方，戴好帽子，穿长袖外套，以及穿有结实护脚的裤子和靴子，并要随身带好蛇药。

2. 处理办法

被毒蛇咬伤后，蛇毒在人体内迅速扩散，短期内可危及生命，应及时采取有效的抢救措施，阻止蛇毒的吸收和扩散。

应立即就地取材，于伤口近心端缚扎，以阻止静脉血回流，但不要影响动脉血流。伤在手指可缚扎手指根部；伤在手掌可缚扎于肘关节下部；伤在足踝部则于膝关节上部或下部缚扎，同时将患肢下垂，不要剧烈奔跑，以免加速血流和毒素的吸收。缚扎时间可持续 8～10 小时，每隔 15～30 分钟放松 1～2 分钟，一般在伤口排毒和服药后 1～3 小时解除缚扎。咬伤超过 12 小时后不宜缚扎。

受伤后走动要缓慢，不能奔跑，以减少毒素的吸收，最好是将伤肢临时制动后放于低位，尽快前往医院。到达有条件的医疗站点后，应继续采取综合措施，如彻底清创，内服及外敷有效的蛇药片，注射抗蛇毒血清等。

（二）蚊虫叮咬

伤人的蚊虫有两种：一种是蚊子、虻、蚋等吸血性昆虫，咬后不仅使人痛痒难忍，还会传播疟疾、脑炎等严重疾病。另一种是蜜蜂、黄蜂、大胡蜂等，被它们叮咬后，最初会感到疼痛，接着伤口会肿大并发炎。

1. 预防手段

（1）使用防蚊喷剂或蚊香，但这样会污染环境，相对环保的方法是使用夜来香、药菊等天然防虫植物。

（2）在蚊、虻较多的地方，条件允许的情况下，每天应用肥皂彻底清洗全身皮肤。

（3）应携带防蚊水、清凉油或风油精等防蚊药品。

（4）容易过敏休克的病人应该携带药物，并告诉其他人如何在被叮咬后的紧急情况下给自己使用这些药物。

2. 处理办法

被蚊子叮咬后，尽量不要用手抓患处，在患处涂上清凉油或风油精，每天涂抹 3～5 次即可。

若被蜂蜇伤，应先剔除毒刺。因蜜蜂的毒针有倒刺，刺入人体皮肤后无法拔出，便将刺留在人的皮肤里，毒针尾部的毒囊也从蜂的尾部脱出，留在被蜇处。剔刺时不要用指甲掐着毒囊往外拔，以免残留在毒囊里的蜂毒顺着毒针进入皮肤，最好用小镊子夹住毒刺的根部往外拔。除掉毒刺后，在患处涂抹氨水或肥皂水，疗效很好。

（三）蚂蟥叮咬

蚂蟥（也叫水蛭）的种类很多，有生长在阴湿低凹的林中草地的旱蚂蟥，也有生长在沼泽、池塘中的水蚂蟥，还有生长在山溪、泉水中的寄生蚂蟥（幼虫呈白色，肉眼不易发现）。蚂蟥吸血量很大，可吸取相当于它体重 2～10 倍的血液。同时，由于蚂蟥的唾液有麻醉和抗凝作用，在其吸血时，人往往无感觉，当其饱食离去时，伤口仍流血不止，常会造成感染、发炎和溃烂。

1. 预防办法

行走时要穿长裤，将袜筒套在裤腿外面，以防蚂蟥钻附人体。行进中，应经常注意查看有无蚂蟥爬到脚上。在鞋面上涂些肥皂、防蚊油，可以防止蚂蟥上爬，涂一次的有效时间为 4～8 小时。

休息时经常检查身上有无蚂蟥叮咬，如有蚂蟥应及时除去。经过有蚂蟥的河流、溪沟时，应扎紧裤腿，上岸后应检查是否附有蚂蟥。宿营的地方应选择在比较干燥、草不多的地方，不要在湖边、河边或溪边宿营。尽量喝开水，不喝有寄生蚂蟥的水。细小的幼蚂蟥不易被发现，喝进后会在呼吸道、食道、尿道等处寄生。

2. 处理办法

发现蚂蟥已叮在皮肤上后不要紧张，不要硬性将蚂蟥拔掉，因为越拉蚂蟥的吸盘吸得越紧，一旦蚂蟥被拉断，其吸盘就会留在伤口内，容易引起感染、溃烂。可采用猛击一掌的方法使蚂蟥脱落，也可用肥皂液、浓盐水、烟油、酒精滴在其前吸盘处，或用燃烧着的香烟烫，使其放松吸盘而自行脱落。

蚂蟥掉落后，若伤口流血不止，可先用干净纱布按压伤口 1～2 分钟，止血后再用 5% 碳酸氢钠溶液洗净伤口，涂上碘酊或甲紫液，用消毒纱布包扎。若再出血，可往伤口上撒一些云南白药或止血粉。若伤口没出血，可用力将伤口内的污血挤出，用小苏打水或清水冲洗干净，再涂以碘酊或酒精进行消毒。

（四）其他昆虫叮咬

除了蛇和一些蚊虫叮咬之外，还有一些昆虫在野外也常常遇到。虽然它们的毒副作用不太大，但有时也会引起严重的后果。

蜱虫俗称草扒子、狗鳖、牛虱、隐翅虫、狗豆子等，蛰伏在浅山丘陵的草丛、植物上，或寄宿于牲畜等动物皮毛间，在四川、云南、贵州等地农村极为常见。不吸血时，小的干瘪如绿豆般大小，也有极细如米粒的；吸饱血液后，有饱满的如黄豆大小，大的可有人的指甲盖大小。蜱寄生于人、家畜等脊椎动物体表，易引发人畜共患病。蜱在叮刺吸血时多无痛感，可造成局部充血、水肿、急性炎症反应，还可引起继发性感染、发热伴血小板减少综合征，严重的可造成人死亡。蜱叮咬的无形体病属于传染病，与危重患者有密切接触、直接接触病人血液和体液者，如不注意防护，也可能感染。

登山时进入有蜱地区，要扎紧裤脚、袖口和领口，外露部位要涂擦驱避剂（避蚊胺、避蚊酮、前胡挥发油），或将衣服用驱避剂浸泡。离开时应相互检查，切勿将蜱虫带回家中。如不慎被蜱虫咬伤，千万不要用镊子等工具将其除去，也不能用手指将其捏碎，应该用乙醚、煤油、松节油、旱烟油涂在蜱虫头部，或在蜱虫旁点蚊香，把蜱虫"麻醉"，让它自行松口；或用液体石蜡、甘油厚涂蜱虫头部，使其窒息松口。要对叮咬后的伤口进行消毒处理，如口器断入皮肤内应行手术取出。

登山时还容易碰到痒辣子。痒辣子学名毒刺蛾，俗称痒辣子、火辣子或刺毛虫，是森林、园林、行道树、果园和多种经济植物（如咖啡、茶和桑等）的常见害虫，中国约有90种痒辣子。这类幼虫体上有枝刺和毒毛，触及皮肤立即发生红肿，疼痛异常，可以用胶布粘被刺的地方，然后再涂点花露水、风油精、肥皂水或氨水。

三、运动损伤

在登山运动中，经常容易发生擦伤、肌肉挫伤、拉伤、扭伤等运动损伤。下面主要介绍登山中常见的运动损伤的预防和处理。

（一）闭合性软组织损伤

1. 常见分类

（1）挫伤

挫伤是钝性暴力直接作用于人体某部而引起的急性闭合性损伤。例如，在登山过程中滑倒，猛坐在地面上，发生局部和深层组织的挫伤。最常见的挫伤部位是大腿和小腿，头和躯干部位的挫伤可合并脑和内脏器官的损伤。

（2）肌肉肌腱拉伤

由于肌肉主动地猛烈收缩，其收缩力超过了肌肉本身所能承担的能力，或肌肉受力牵伸时，超过了肌肉本身特有的伸展程度，均可引起肌肉拉伤。由于致伤力的大小和作用性质不同，可引起肌肉、肌腱部分纤维断裂、完全断裂或微细损伤的积累。除肌肉本身的拉伤外，常可同时合并肌肉周围的辅助结构，如筋膜、腱鞘和滑囊的损伤。

（3）关节韧带扭伤

由间接外力所致，即在外力作用下，使关节发生超常范围的活动而造成的，轻者发生韧带部分纤维的断裂，重者则韧带纤维完全断裂，引起关节半脱位或完全脱位。

（4）滑囊炎

滑囊是结缔组织构成的密封小囊，囊内有少量滑液，多位于关节附近，介于肌肉或肌腱附着处与骨隆起之间，可以减轻肌肉、肌腱与骨之间的摩擦，因受到外力的直接撞击，使囊壁受到损伤而发生急性滑囊炎，或因局部活动过多，囊壁受到反复磨损而发生慢性损伤。

2. 处理方法

（1）限制活动期

伤后 24～48 小时内，局部冷敷，加压包扎，抬高伤肢并休息。较轻的挫伤可外敷一号新伤药或安福消肿膏，疼痛较重者可内服止痛剂。股四头肌和腓肠肌挫伤时，应注意严密观察，若出血较多，肿胀不断发展或肿胀影响血液循环时，应将伤员送医院手术治疗，取出血块，结扎出血的血管。

（2）恢复活动期

受伤 24～48 小时后，肿胀已开始消退，可拆除包扎进行温热疗法或理疗、按摩。在伤情允许的情况下，应尽早进行伤肢的功能锻炼，逐渐增加关节的活动幅度。股四头肌挫伤时，当病情稳定伤员可以控制股四头肌收缩时，才可开始做膝关节屈伸活动，先做伸膝练习，屈膝练习宜晚些，不可操之过急。当膝关节能屈伸至 90 度，走路不用拐杖时，可视为此期治疗结束的标志。

（3）功能恢复期

逐渐增加抗阻力练习和一些身体非碰撞性项目的练习，并配合按摩和理疗，直至关节活动功能恢复正常。

（二）开放性损伤

1. 擦伤

擦伤是皮肤受到外力摩擦所致，皮肤被擦破出血或有组织液渗出。

创口浅、面积小的擦伤，可用生理盐水或凉开水洗净创口，周围用 70% 酒精棉球消毒，创口上涂抹红汞或紫药水，待干即可，不需包扎，但面部擦伤最好不用紫药水涂抹。关节附近的擦伤也不宜使用暴露疗法，以免皮肤干裂而影响关节运动。

创口内若有煤渣、细沙等异物，要用生理盐水或凉开水冲洗干净，必要时要用硬毛小刷子将异物刷去。创口处可用过氧化氢、创口周围皮肤用酒精棉球消毒，然后用凡士林纱条覆盖创面或撒上消炎粉，再用消毒敷料覆盖。

2. 撕裂伤

撕裂伤多发生于头部，尤以额部和面部较多见，伤口裂开，边缘呈锯齿状，参差不齐，伤口较污秽并容易感染。若撕裂伤口小，经止血、消毒处理后，可用粘膏黏合；伤口较大则需缝合，必要时要使用抗生素治疗。

3. 刺伤和割伤

登山中被树枝或石头碰到造成刺伤或割伤，其处理方法基本上与撕裂伤相同，可先以直接施压的方式止血，伤口处放一块清洁能吸水的布，以手压紧，通常会在一两分钟内止血。若血流不止，可将受伤的地方高举超过心脏，以降低伤口的血压，遏阻流血。伤口若血流不止，应先压住伤口离心脏最近的加压止血点（能测量到脉搏的部位），待一分钟后若未止血再予以紧压。凡被不洁物致伤且创口小而深时，应注射破伤风抗毒素。

（三）骨折

人体骨骼由颅骨、脊柱、骨盆、四肢骨构成，共有 206 块。骨骼构成人体的支架，具有保护内脏、支持和运动功能。骨骼是坚硬的，在通常情况下，一般外力不足以引起骨折，但是当外力过猛时，如从高处跌下，肌肉拉力过大时常导致骨折。常见的有投掷物体不当导致肱骨骨折，突然跪倒发生髌骨骨折等。

1. 骨折的种类

按外伤的情况，通常分为闭合性骨折和开放性骨折两类。

（1）闭合性骨折

骨折处的皮肤没有损伤，折断的骨头在皮肤组织内不与外界相通，也就是说骨折并不露在外边，看不到折断的骨头，局部常可观察到形状改变。

（2）开放性骨折

开放性骨折局部皮肤破裂损伤，折断的骨头与外界空气接触，也就是说骨折露在外边，能见到折断的骨头。

2. 骨折的一般急救原则

首先要处理全身出现的严重情况：对昏迷的伤员，要保持呼吸通畅，最好仰卧位，注意清理呼吸道，以免发生呼吸障碍。要防治休克，及时正确地采取固定、止血、止痛等措施。冬天要注意保暖，夏天要预防中暑，对骨折处理原则有以下几点。

（1）限制活动

限制患处的活动，就能避免因运动而使残损继续加剧。限制活动的方法是使用夹板将骨折部位固定住。现场若无夹板，可就地取材，如选用木棒、竹板、竹片、手杖、硬纸板等。使用夹板前，在夹板接触的肢体上要放上棉花或布类垫好。捆绑时，一般先将骨折处固定，再固定上下两个关节。

四肢固定要露出手指、脚趾尖，便于观察血液循环，如出现手指、脚趾苍白、发凉、麻木、青紫等现象时，说明固定太紧，应放松绷带，重新固定。固定后，伤肢要保暖。

（2）开放性骨折的处理

如果属开放性骨折，在固定前，局部要先做无菌处理，用消毒液冲洗，用消毒纱布盖好，然后再用夹板固定，不要将已暴露在外边的骨头还纳进去。

（3）转送

经过处理后，将伤员用担架平稳轻巧地转送到医院。转送工作做得正确及时，不但能使伤员迅速得到较全面的检查、治疗，同时还能减少在这个过程中病情的加重和变化。搬运转送不当，轻者延误治疗，重者使伤情、病情恶化甚至造成死亡，使现场抢救工作前功尽弃。所以，决不要低估了搬运转送的意义。

转送伤员时，要根据伤员的具体情况，选择合适的搬动方法和搬运工具。在搀扶伤员时，动作要轻、敏捷、一致。对腰部、骨盆处骨折的伤员要选择平整的硬担架，在抬送中，尽量减少振动，以免增加伤员的痛苦。由2~4人合成一组，将病人移上担架。病人头部向后，足部向前，这样后面抬担架的人，可以随时观察病人的变化。抬担架人行动要一致，平稳前进。向高处抬时（如过台阶、过桥），前面的人要放低，后面的人要抬高，以使病人保持在水平状态，下台阶时相反。

参考文献

[1] 董范. 户外运动学 [M]. 武汉：中国地质大学出版社，2014.

[2] 皮特·希尔. 完全攀登指南 [M]. 龚海宁，蒙娃，译. 北京：人民邮电出版社，
2010.

[3] 朱寒笑. 登山和攀岩技巧 [M]. 北京：中国社会出版社，2007.

[4] 康纳利. 登山手册 [M]. 北京：人民邮电出版社，2010.

[5] 山本正嘉. 登山技巧全攻略 [M]. 王向东，周永利，译. 青岛：青岛出版社，
2018.

[6] 田村宣纪. 登山的智慧 [M]. 杨晶，李建华，革和，译. 北京：中国地质大学出版
社，2009.

[7] 卢兆振. 攀岩 [M]. 长春：吉林文史出版社，2015.

[8] 韩春远. 攀岩运动 [M]. 广州：广东高等教育出版社，2009.